Dr. Silke Göddertz & Anke Martens

Mit Resilienz zu mehr Gelassenheit im Schulalltag

Wissen und Übungen zur Stärkung der Widerstandskraft von Lehrkräften und Grundschulkindern

Autorinnen

Die Autorinnen arbeiten bei einem großen internationalen Telekommunikationsunternehmen und haben vor einigen Jahren die *#futurefit*-Initiative gegründet. Ihr Ziel ist es, ihr Wissen über die Bildung von Resilienz, Potenzialentfaltung und ein glückliches und erfolgreiches Leben in Schulen zu bringen und jungen Menschen somit bereits frühzeitig Zugang zu diesen wertvollen Inhalten zu gewährleisten.

Silke Göddertz studierte Arbeits- und Organisationspsychologie und machte eine Ausbildung in positiver Psychologie. Sie arbeitet als Personalentwicklerin, Trainerin und Coach an den Themen Persönlichkeitsentwicklung, Führung, Resilienz und Achtsamkeit und ist Mutter von zwei Söhnen.

Anke Martens ist Diplom-Betriebwirtin und systemischer Coach. Sie arbeitet als Expertin und Trainerin für Customer Experience, neues Arbeiten, positive Psychologie sowie Persönlichkeits- und Teamentwicklung und lebt mit ihren zwei Kindern in Bonn.

1. Auflage 2023
© 2023 PERSEN Verlag, Hamburg

AAP Lehrerwelt GmbH
Veritaskai 3
21079 Hamburg
Telefon: +49 (0) 40325083-040
E-Mail: info@lehrerwelt.de
Geschäftsführung: Christian Glaser, Sandra Saghbazarian, Robin Schlenkhoff
USt-ID: DE 173 77 61 42
Register: AG Hamburg HRB/126335
Alle Rechte vorbehalten.

Das Werk als Ganzes sowie in seinen Teilen unterliegt dem deutschen Urheberrecht. Die Erwerbenden einer Einzellizenz des Werkes sind berechtigt, das Werk als Ganzes oder in seinen Teilen für den eigenen Gebrauch und den Einsatz im eigenen Präsenz- wie auch dem Distanzunterricht zu nutzen.
Produkte, die aufgrund ihres Bestimmungszweckes zur Vervielfältigung und Weitergabe zu Unterrichtszwecken gedacht sind (insbesondere Kopiervorlagen und Arbeitsblätter), dürfen zu Unterrichtszwecken vervielfältigt und weitergegeben werden.

Die Nutzung ist nur für den genannten Zweck gestattet, nicht jedoch für einen schulweiten Einsatz und Gebrauch, für die Weiterleitung an Dritte einschließlich weiterer Lehrkräfte, für die Veröffentlichung im Internet oder in (Schul-)Intranets oder einen weiteren kommerziellen Gebrauch.
Mit dem Kauf einer Schullizenz ist die Schule berechtigt, die Inhalte durch alle Lehrkräfte des Kollegiums der erwerbenden Schule sowie durch die Schülerinnen und Schüler der Schule und deren Eltern zu nutzen.

Nicht erlaubt ist die Weiterleitung der Inhalte an Lehrkräfte, Schülerinnen und Schüler, Eltern, andere Personen, soziale Netzwerke, Downloaddienste oder Ähnliches außerhalb der eigenen Schule.
Eine über den genannten Zweck hinausgehende Nutzung bedarf in jedem Fall der vorherigen schriftlichen Zustimmung des Verlags.
Sind Internetadressen in diesem Werk angegeben, wurden diese vom Verlag sorgfältig geprüft. Da wir auf die externen Seiten weder inhaltliche noch gestalterische Einflussmöglichkeiten haben, können wir nicht garantieren, dass die Inhalte zu einem späteren Zeitpunkt noch dieselben sind wie zum Zeitpunkt der Drucklegung. Der PERSEN Verlag übernimmt deshalb keine Gewähr für die Aktualität und den Inhalt dieser Internetseiten oder solcher, die mit ihnen verlinkt sind, und schließt jegliche Haftung aus.

Wir verwenden in unseren Werken eine genderneutrale Sprache. Wenn keine neutrale Formulierung möglich ist, nennen wir die weibliche und die männliche Form.
In Fällen, in denen wir aufgrund einer besseren Lesbarkeit nur ein Geschlecht nennen können, achten wir darauf, den unterschiedlichen Geschlechtsidentitäten gleichermaßen gerecht zu werden.

Autorschaft:	Dr. Silke Göddertz & Anke Martens
Covergestaltung:	TSA&B Werbeagentur GmbH, Hamburg
Coverfoto:	Silhouettes of teacher and disciple a sitting in a lotus position facing each other on a hilltop. Child and a woman learn Namaste. © ВАСИЛИЙ СОЛДАТОВ via Adobe Stock (stock.adobe.com)
Illustrationen:	Katharina Reichert-Scarborough (Hauptillustratorin), Julia Flasche (Pikto Schreiben, Tiere mit Seifenblasen); Kristina Klotz (Kind/Agent, Mann/„Sven"/Sonne); Ute Ohlms (Bild zu den fünf Sinnen); Manuela Ostadal (Waage); Barbara Gerth (Pikto Herz); Anke Fröhlich (Pikto Schreiben); Stefan Lucas (Hände, die sich halten); Corina Beurenmeister (Tagebuch)
Satz:	Satzpunkt Ursula Ewert GmbH, Bayreuth
Druck und Bindung:	Esser printSolutions GmbH, Bretten

ISBN: 978-3-403-20995-9
www.persen.de

Inhaltsverzeichnis

Was ist Resilienz? 4
Der Begriff Resilienz 4
Die vier Resilienzfaktoren 5

Wie geht Resilienz? 6
Resilienz ist erlernbar 6

Stärkung von Resilienz im Schulalltag 7
Akzeptanz 7
Fokus 11
Selbstwirksamkeit 16
Verbundenheit 18

Warum ist Resilienz so wichtig? 22
Fallbeispiel: Tanja Fritze 22
Fallbeispiel: Sven Krause 23
Fallbeispiel: Lilly 24

Auf dem Weg zur resilienten Schule 25
Ideen für das Kollegium 25
Auf Elternarbeit setzen 26
Tipps für akute Situationen 27

Schlusswort 28

Übungen für den Schulalltag 29

Resilienzcheckliste 46

Gefühlskarten 47

Literaturverzeichnis 52

Was ist Resilienz?

Der Begriff Resilienz

Mit diesem Buch möchten wir Sie dafür sensibilisieren, dass es unsere ganz persönliche Entscheidung ist, ob wir in Situationen nur das Problematische sehen oder auch Chancen erkennen und aufzeigen, wie unser Blick auf eine Situation unsere Gefühle dazu verändern kann und uns damit stärkt oder eben schwächt.

Denken Sie auch manchmal positiv an die Coronazeit zurück? Oder überwiegt in Ihrer Erinnerung das Negative? Es gibt viele Gründe, für die Coronapandemie auch dankbar zu sein: Wir durften lernen, wie wichtig uns unsere Freundschaften, Partner und Familie sind. Wir durften erfahren, wie schön die Zeit mit uns allein oder der eigenen Familie ist. Wir durften unsere Zeit komplett anders gestalten und z. B. ein neues Hobby ausprobieren. Kurz: Wir konnten aus unserer Komfortzone aussteigen.

In dieser wirklich schwierigen Phase des Lockdowns, sind die allermeisten von uns nicht an den neuen Herausforderungen zerbrochen. Warum? Nun, wir haben einfach das Beste aus der Situation gemacht. Nicht immer, aber so oft wie möglich. Wir sind einen emotionalen Marathon gelaufen und hatten immer die Hoffnung, dass es irgendwann besser wird. Optimistisch bleiben, die eigenen Ziele nicht aus den Augen verlieren, mit sich selbst und anderen in Kontakt bleiben, einen Sinn für Humor bewahren und sich nicht als Opfer der Umstände wahrnehmen – das sind nur einige der Faktoren, die resiliente Menschen auszeichnen.

Nicht immer muss es gleich eine globale Pandemie sein, die uns in Atem hält. Persönliche Krisen, familiäre Stresssituationen, Krankheit, finanzielle Sorgen oder Zukunftsängste stellen viele Menschen täglich vor große Aufgaben der Bewältigung. Klimawandel und Naturkatastrophen, politische Umbrüche bis hin zu bewaffneten Konflikten erschüttern parallel ganze Regionen und bewegen Menschen in aller Welt. Krisen gehören zu unserem Leben, sie werden begleitet von ergreifend nahen Berichten und emotionalen Bildern, die uns Menschen emotional berühren. Dementsprechend ist es eine wichtige Aufgabe, Krisen – klein wie groß – zu begegnen und diese kompetent zu bewältigen.

Die Wissenschaft der *positiven Psychologie* forscht schon seit längerer Zeit zu der Frage, was erfolgreiche Menschen, die schwierige Krisen erfolgreich gemeistert haben, von jenen unterscheidet, die Krisen weniger erfolgreich meistern. In diesem Kapitel befassen wir uns mit einigen wichtigen Erkenntnissen.

Um nicht nur durch turbulente Zeiten, sondern allgemein gut durch das Leben zu kommen, gilt es, gesunde Bewältigungsstrategien zu entwickeln und unsere Herangehensweise an vor uns liegende Krisen und Herausforderungen zu verbessern. Dabei kann uns Resilienz helfen – die Fähigkeit, sich von unvermeidbaren Enttäuschungen, Fehlschlägen und Sorgen nicht unterkriegen zu lassen. Resilienz wird auch häufig mit *Durchhaltevermögen* in Verbindung gebracht, welches man auch als eine Kombination aus Leidenschaft und Ausdauer für langfristige Ziele umschreiben kann (vgl. Duckworth, 2017). Die Psychologin Angela Duckworth und ihr Team haben beobachtet, dass Menschen mit starkem Durchhaltevermögen in der Lage waren, ihre Entschlossenheit und Motivation über lange Zeiträume beizubehalten – trotz Fehlschlägen und Widrigkeiten. Sie kamen zu dem Schluss, dass Durchhaltevermögen ein besserer Indikator für Erfolg ist als der IQ (Duckworth, 2017).

Denis Mourlane definiert Resilienz als „die Fähigkeit, unter Druck, in Veränderungen und Situationen der Ungewissheit optimistisch, gelassen und zielorientiert zu bleiben und nach Rückschlägen wieder schnell diesen Ursprungszustand herzustellen" (Mourlane, 2017). Resilienz ist dabei ein Synonym für psychische Stärke oder Widerstandsfähigkeit.

Heller erweitert den Begriff *Resilienz* noch um die Kompetenz, mit ungewissen Situationen flexibel umgehen zu können, in einem ambivalenten Umfeld Entscheidungen treffen zu können und Scheitern als eine mögliche Option zu akzeptieren. All dies sind Kompetenzen, die in unserer volatilen, unsicheren, komplexen und ambiguitären (kurz: VUCA) Welt von großer Bedeutung sind, um sich zu behaupten (vgl. Heller, 2019).

Resilienz ist ein wichtiger Erfolgsfaktor. Wir haben noch nie von einer Heldin / einem Helden gehört, die/der gescheitert ist und sofort aufgegeben hat. Eine wirkliche Heldin bzw. ein wirklicher Held findet Strategien, um die Situation zu bewältigen, daraus zu lernen und Lösungen zu entwickeln. Hier stellen wir Ihnen beispielhaft einige Zitate resilienter Persönlichkeiten vor, von denen wir etwas lernen können:

> *Unsere größte Schwäche liegt darin, aufzugeben. Der sicherste Weg zum Erfolg ist, es immer noch ein weiteres Mal zu versuchen. Ich bin nicht gescheitert. Ich habe lediglich 10.000 Wege gefunden, wie es nicht funktioniert.*
> Thomas Edison

> *Unser größter Ruhm liegt nicht darin, niemals hinzufallen, sondern jedes Mal wieder aufzustehen.*
> Konfuzius

> *Beurteile mich nicht nach meinen Erfolgen, sondern danach, wie oft ich hingefallen und dann wieder aufgestanden bin.*
> Nelson Mandela

All diese Zitate zeigen, dass viele erfolgreiche Menschen Rückschläge erleiden mussten und erst durch ihr Durchhaltevermögen und ihren Optimismus an ihr Ziel gekommen sind.

Neben den Auswirkungen auf Erfolg ist Resilienz auch wichtig für das persönliche Glücksempfinden und die psychische Gesundheit. Sie ist ein Puffer gegen psychische Erkrankungen, insbesondere Depression.

Die vier Resilienzfaktoren

Es gibt eine Vielzahl an Büchern und Ratgebern rund um das Thema Resilienz. Während sich die verschiedenen Autoren und Autorinnen weitestgehend einig darüber sind, welche Ziele *Resilienz* verfolgt, so sind die Faktoren, die für die Erreichung dieser Ziele relevant sind, unterschiedlich. Nach umfassender Sichtung aktueller Konzepte und auf Basis unserer eigenen Forschung und Erfahrung konzentrieren wir uns in diesem Buch auf die vier nachfolgenden Faktoren, die aus unserer Sicht die wesentlichen im Kontext Schule sind:

Akzeptanz: Wenn wir uns selbst eingestehen, dass eine Situation schwierig ist und wir uns erlauben, unsere Gefühle und Bedürfnisse zu zeigen, hat dies eine enorm befreiende Wirkung, die sich positiv auf unseren weiteren Umgang mit der Situation auswirkt. Die Akzeptanz der Schwäche, des Problems oder der Herausforderung ist daher der erste wichtige Schritt, um hilfreiche Maßnahmen zur Wiederherstellung des Wohlbefindens ableiten zu können. Das Hadern mit (widrigen) Umständen blockiert wertvolle Ressourcen, das bewusste Annehmen der Situation ermöglicht es jedoch, diese Ressourcen bei der Problemlösung zielführend einzusetzen.

Wie geht Resilienz?

Resilienz ist erlernbar

Wenn wir das Verständnis hätten, dass Resilienz ein angeborenes Persönlichkeitsmerkmal ist, könnten wir dieses Buch an dieser Stelle beenden. Dies wäre vermutlich sehr unbefriedigend für alle diejenigen, die über dieses Persönlichkeitsmerkmal nicht verfügen. Die gute Nachricht ist aber: Resilienz ist erlernbar und trainierbar. Durch das Wissen über die Resilienzfaktoren, die regelmäßige Selbstreflexion über die eigene Haltung und die aktuelle Kompetenz und das regelmäßige Anwenden und Üben kann sich Resilienz bilden und verfestigen. Ähnlich wie eine Sportart, die Sie so lange trainieren, bis Sie beispielsweise den Basketballkorb mit hoher Sicherheit auch aus weiter Entfernung treffen.

Vielleicht kennen Sie noch den Spruch aus Ihrer Kindheit: *Was Hänschen nicht lernt, lernt Hans nimmermehr.* Dieser Aussage lag die Annahme zugrunde, dass man nur im Kindes- und Jugendalter lernen könne und dass das Gehirn im Alter von etwa 20 Jahren fertig ausgebildet und damit nicht mehr veränderbar sei. Diese Annahme konnte allerdings vor einigen Jahren, mit der Verbesserung bildgebender Verfahren des Gehirns und der damit verbundenen intensiven Forschung über unser Gehirn und wie wir lernen, widerlegt werden. Neurowissenschaftler und Neurowissenschaftlerinnen konnten nachweisen, dass unser Gehirn neuroplastisch ist, sich also ein Leben lang verändern kann. Eine beeindruckende Studie von Maguire zeigte auf, dass sich Gehirne von angehenden Taxifahrern in London massiv veränderten, als diese begannen, für die Zulassungsprüfung sämtliche Straßennetze auswendig zu lernen (Maguire et al., 2000). Areale des Gehirns, die vorher für andere Kompetenzen und Wissen genutzt wurden, wurden sozusagen überschrieben und für das neue, nun relevantere Wissen frei gemacht.

Fokus: Viele Menschen neigen dazu, sich von ihren Problemen überwältigen zu lassen und sich nur noch darauf zu konzentrieren. Die Probleme nehmen damit einen extrem großen Platz in unserem Leben ein und überschatten alles. Wenn wir es schaffen, trotz aller Probleme unsere Aufmerksamkeit bewusst auch auf das Positive zu lenken, ändert sich unser Blick auf die Situation. Wir erkennen Lichtblicke am Horizont, Möglichkeiten, die uns vorher verborgen blieben und Menschen, die wir zu Verbündeten machen können. Dies ermöglicht uns, Handlungsoptionen zu erkennen, wahrzunehmen und umzusetzen, die die Situation für uns verbessern können.

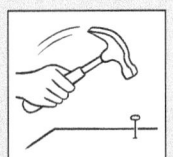

Selbstwirksamkeit: Selbstwirksamkeit umschreibt die Überzeugung, dass man selbst Einfluss auf die Situation nehmen und damit eine Verbesserung bewirken kann. Dazu gehört die Übernahme von Verantwortung für die Dinge, die geschehen, sowie die Einordnung von Krisen und Fehlern als Chance für Entwicklung. Wenn wir unsere Opferrolle verlassen und aktive Entscheidungen für den weiteren Weg treffen, wird sich etwas verändern. Eine zentrale Erkenntnis der Selbstwirksamkeit ist dabei auch: Nicht zu handeln, ist ebenfalls eine Entscheidung.

Verbundenheit: Menschen sind soziale Wesen und nicht dafür gemacht, ihre Probleme alleine zu lösen. Je nach sozialer Prägung kann es aber schwerfallen, um Hilfe zu bitten oder sich jemandem emotional anzuvertrauen. Das Gefühl, nicht allein und mit anderen verbunden zu sein, setzt ungeahnte Kräfte frei, die unser Wohlbefinden unterstützen und uns handlungsfähig machen.

Dass wir im hohen Alter noch eine neue Sprache erlernen oder uns an einem Instrument versuchen können, ist sicher eine tolle Nachricht. Es ist allerdings noch viel mehr möglich. Durch die Neuroplastizität können wir auch unser Verhalten ändern und Persönlichkeitsmerkmale, die uns schon ein Leben lang begleiten, verändern, wenn diese uns stören. Ein schüchterner Mensch kann sich beispielsweise antrainieren, mutiger und offener auf andere Menschen zuzugehen. Ein Mensch, der sich sehr oft in Gedankenkarussells verliert, kann lernen, achtsamer im Hier und Jetzt zu sein.

Stärkung von Resilienz im Schulalltag

Seit erforscht wurde, was die Faktoren sind, die resiliente Menschen anders machen als weniger resiliente Menschen, können gezielte Trainingsprogramme entwickelt werden, die darauf abzielen, genau diese Faktoren zu üben und im Alltag – auch unter Stress – anzuwenden. Und genau hier setzt unser Buch im Folgenden an. Wir gehen darauf ein, wie Sie diese Faktoren im Unterricht trainieren können, um Ihre persönliche Resilienz und die Ihrer Schülerinnen und Schüler zu verbessern.

Wie oben bereits beschrieben, sind wir der festen Überzeugung, dass eine Veränderung des Systems immer bei jedem Menschen selbst beginnt. In diesem Fall bedeutet das konkret: Wenn Sie etwas an der Situation Ihres Unterrichts, an der Beziehung zu ihrem Kollegium und Ihren Schulkindern oder ganz allgemein für das Wohlbefinden an Ihrer Schule tun möchten, fangen Sie bei sich selbst an. Ihre Selbstreflexion, Ihre Erfahrungen mit Übungen und Ihre Erkenntnisse, wie sich Pläne umsetzen lassen, machen Sie zu einem authentischen und nahbaren Vorbild. Niemand erwartet Perfektion von Ihnen, es geht lediglich darum, dass Sie sich selbst auch als lernende Persönlichkeit wahrnehmen und dadurch Ihre Beziehung zu den Schülerinnen und Schülern auf eine Ebene voller Empathie und Verständnis stellen.

Im Folgenden werden die vier Resilienzfaktoren ausführlich erläutert, um dann Handlungsempfehlungen zur Stärkung jedes einzelnen Faktors für Sie als Mensch und Lehrkraft sowie in Ihrer Rolle als Resilienzcoach für Ihre Schulkinder aufzuzeigen.

  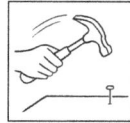 

Akzeptanz

Akzeptanz ist der wesentliche Schritt, um Zugang zu unseren Bedürfnissen zu bekommen. Nur wenn wir uns eingestehen, dass wir uns schlecht fühlen, können wir wahrnehmen, was  genau das Problem ist und welches unserer Bedürfnisse gerade nicht erfüllt wird. Unser Körper ist das Spiegelbild unserer Seele und macht auf sich aufmerksam, wenn uns etwas bedrückt. Gefühle zeigen uns, dass unsere Bedürfnisse erfüllt oder nicht erfüllt wurden und helfen uns dabei zu identifizieren, was wir genau brauchen, damit es uns besser geht.

Ein Anerkennen von Umständen und Tatsachen ermöglicht es uns, mit dem Hadern aufzuhören. Belastende Umstände können jederzeit eintreten und uns und jeden anderen begleiten. Menschen fühlen sich damit schlecht und empfinden starke Gefühlsregungen wie Trauer, Angst oder Wut. All das gehört zum Leben dazu – wo Licht ist, ist auch Schatten. Akzeptanz macht Kapazitäten frei, um zu erkunden, was in diesen belastenden Situationen uns und unseren Mitmenschen helfen kann.

Möglicherweise haben Sie bereits als Kind alte Weisheiten gelernt, die etwas anderes vermitteln, z. B. *jetzt sei keine beleidigte Leberwurst, stell dich nicht so an, ein Indianer kennt keinen Schmerz, Jungen weinen nicht, Kinder haben nichts zu wollen* usw. Noch in der Generation unserer Eltern war es häufig unangebracht, Emotionen öffentlich zu zeigen. Leider führt aber das Verdrängen von Emotionen dazu, dass sich noch mehr Stress aufbauen und die innere Unruhe weiter zunehmen kann (vgl. Rossbach, 2019).

Gegebenenfalls haben sie auch noch Kinder in der Klasse, die nach diesen Sprüchen erzogen werden und die fest daran glauben, dass es ein Zeichen von Schwäche ist, Emotionen zu zeigen. Seien Sie sich dessen bewusst und haben Sie Geduld. Für Kinder mit dieser Haltung ist es umso schwieriger, sich zu öffnen und Emotionen zuzulassen, sie werden alles dafür tun, um dies zu vermeiden. Hier hilft vorleben, die Beobachtung ansprechen und immer wieder den Raum bieten zu sprechen.

Übungen und Beispiele für die Stärkung von Akzeptanz aufseiten der Lehrkraft

Konkret bedeutet dies: Kontrollieren Sie nicht die Umstände, sondern Ihre Reaktion! Grübeln sie noch oder sind Sie bereits im Problemlösemodus?  Oft drehen wir uns im Kreis, wenn wir darüber nachdenken, was falsch gelaufen ist oder wie wir eine anstehende Situation lösen können. Wenngleich eine umfassende Problemanalyse wertvolle Hinweise liefern kann, sollte man nicht ins Grübeln verfallen, denn hierdurch werden wir nicht Meister/-in des Lösens, sondern Meister/-in des Grübelns. Wenn Sie merken, dass sich wiederholt Sorgen in Ihre Gedankenwelt hineindrängen, atmen Sie ein paar Mal tief durch, versuchen Sie, Beurteilung und Überbewertung zu vermeiden und die Situation so zu akzeptieren, wie sie objektiv ist. Stellen Sie sich Fragen wie:

- Was ist genau vorgefallen?
- Wie würde eine neutrale Person die Szene wahrnehmen?
- Wie relevant ist die Situation von heute an gesehen in einem Tag / einer Woche / einem Monat / einem Jahr?

Erst durch die Akzeptanz erlangen Sie die geistige Freiheit, über Möglichkeiten nachzudenken und aktive Veränderungen vorzunehmen.

Bringen Sie Balance in Ihr Leben und versuchen Sie, alle Bereiche Ihres Lebens im Gleichgewicht zu halten, z. B. Arbeit, Familie, Freunde, Hobbys usw.  Wenn sie eine Herausforderung oder einen Rückschlag in einem der Bereiche erfahren, können Sie sich aus den Bereichen, in denen weiterhin alles in Ordnung ist, wieder Kraft holen und werden emotional aufgefangen.

Praktizieren Sie regelmäßig Achtsamkeit. Seit einigen Jahren gewinnt das Konzept der Achtsamkeit auch in unserer westlichen Welt zunehmend an Bedeutung und zahlreiche Studien zeigen, welche positiven Effekte Achtsamkeitsübungen für die psychische und physische Konstitution haben (vgl. Tan, 2012).

Die Definition von Jon Kabat-Zinn lautet: „Achtsamkeit bedeutet, auf eine bestimmte Weise aufmerksam zu sein: bewusst, im gegenwärtigen Augenblick und ohne zu urteilen. Diese Art der Aufmerksamkeit steigert das Gewahrsein und fördert die Klarheit sowie die Fähigkeit, die Realität des gegenwärtigen Augenblicks zu akzeptieren …" (Kabat-Zinn, 2019).

Diese kann durch gezieltes Training, z. B. Übungen wie Atemmeditation oder Bodyscan, und durch dezidierte Praxis, z. B. achtsames Essen, achtsames Gehen oder achtsames Zuhören, gefördert werden. Achtsamkeit steigert zudem Ihre Kompetenz, von einer Metaebene auf Ihre Gedankenwelt zu schauen und sich auch von Ihren Gedanken zu distanzieren, wenn diese gerade nicht förderlich für Ihr Wohlbefinden sind. Sie nehmen beispielsweise wahr, dass Sie sich gerade gedanklich in der Vergangenheit befinden und eine unangenehme Situation erneut durchleiden oder dass Sie sich gedanklich in der Zukunft befinden, sich Sorgen um einen Umstand machen, der noch gar nicht eingetreten ist. Wenn Sie sich dann bewusst dafür entscheiden, sich wieder auf das Hier und Jetzt zu konzentrieren, wird das einen positiven Effekt auf Ihre Gefühlslage haben. Für einen ersten Einstieg in die Achtsamkeit empfehlen wir die Nutzung einer Meditationsapp.

Achtsamkeitsübungen können anfangs überfordernd sein, weil es für viele Menschen ungewohnt ist, in die Stille zu kommen. Vielleicht machen Sie sich Sorgen, dass Sie etwas falsch machen, oder denken noch mehr als sonst. Die gute Nachricht ist: Sie können nichts falsch machen. So wie Sie es machen, ist es richtig. Wenn Sie merken, dass Sie an etwas denken und Ihre Gedanken dann weiterziehen lassen, haben Sie genau das trainiert, worauf es ankommt: Sie haben Ihre Gedanken auf einer Metaebene wahrgenommen, anstatt sich von Ihnen überrollen zu lassen. Falls Sie beim Meditieren regelmäßig einschlafen, versuchen Sie eine aktivere Haltung, z. B. im Sitzen oder Stehen, oder wählen Sie eine andere Tageszeit.

Wenn Sie sich in einem emotionalen Ausnahmezustand befinden, ist es hilfreich, Ihre Gedanken niederzuschreiben und sich somit Ihrer Sorgen zu entledigen. Diese Technik nennt sich *Journaling* (auch als expressives Schreiben bekannt) und verfolgt das Ziel, sich etwas Belastendes von der Seele zu schreiben. Das bevorzugt handschriftliche Aufschreiben dient dazu, die Gedanken vom Kopf in die Hände fließen und anschließend *loszulassen*. Positive Effekte, die sich nachgewiesenermaßen durch das Journaling einstellen, sind eine bessere Gesundheit und Wohlbefinden, verringerte Angstgefühle und verringerte Depression (vgl. Schubert, 2015). Es empfiehlt sich, für die Durchführung des Journalings einen ungestörten Ort zu suchen und sich selbst ein klares Zeitfenster, z. B. von zehn Minuten, zu setzen, um dann den Stift auf das Papier zu setzen und den Fluss der Gedanken nach Möglichkeit unterbrechungsfrei zu notieren. Abweichende Gedanken sowie das Nichtvorhandensein von passenden Gedanken sollen dabei ebenfalls gerne aufgeschrieben werden, um den nachfolgenden Gedanken wieder Platz zu machen. Das Niedergeschriebene kann im Anschluss vernichtet werden, es ist nicht für Dritte bestimmt.

Erforschen und benennen Sie Ihre Gefühle so konkret wie möglich, um sich selbst zu unterstützen, sich selbst besser zu verstehen. Statt ein allgemeines *Ich fühle mich schlecht behandelt* kann die Aussage *Ich vermisse deine Wertschätzung und deinen Respekt, wenn du mich nicht in Entscheidungen einbeziehst*, klaren Aufschluss über die Gefühlslage, die Bedürfnisse und die daraus abzuleitenden Maßnahmen geben.

Vorbildfunktion im Klassenraum

Kinder lernen jeden Tag, wie herausfordernde Situationen gemeistert werden können – auch von Ihnen. Machen Sie sich diese Funktion als Modellbeispiel täglich bewusst und handeln Sie in diesem Bewusstsein. Im Folgenden stellen wir Ihnen zu jedem Faktor die relevantesten Situationen zusammen.

Im Schulalltag Akzeptanz vorzuleben und somit als Vorbild für die Schulkinder und das Kollegium zu agieren, bedeutet, Probleme nicht zu verdrängen, sondern diese aktiv anzunehmen. Dazu zählt auch, offen anzusprechen, wenn Sie eine Situation als schwierig oder belastend wahrnehmen, anstatt mit dem Lehrstoff weiterzumachen und dem Versuch nachzugehen, Probleme zu ignorieren. Dies wird den Kindern vermitteln, dass auch sie es ansprechen dürfen, wenn ihnen eine Situation nicht behagt oder sie Probleme haben. Dies wird dann nicht als Schwäche, sondern als normale, adäquate Verhaltensweise kennengelernt. Außerdem kann es hilfreich sein, herausfordernde Situationen im Klassenzimmer zur Reflektion als Lernbeispiel für Resilienz zu nutzen. Erörtern Sie mit Ihrer Klassengemeinschaft Fragen wie:

- Was ist genau passiert?
- Wie hätte A anders reagieren können? Was wäre dadurch anders gewesen?
- Wie hätte B unterstützen können?
- Was können wir heute tun, um für eine weitere Situation dieser Art vorbereitet zu sein?

Üben Sie sich in Impulskontrolle und nehmen Sie sich einen kurzen Moment zur Reflexion und Besinnung, bevor Sie in einer schwierigen Situation impulsiv reagieren. Viktor Frankl, ein österreichischer Neurologe und Psychiater, beschreibt dies folgendermaßen:

> *Zwischen Reiz und Reaktion ist ein Raum. In diesem Raum liegt unsere Macht, unsere Reaktion zu wählen. In unserer Reaktion liegt Wachstum und Freiheit.*
> (Viktor Frankl, Psychiater und Überlebender des Konzentrationslagers).

Meist reicht bereits ein tiefer Atemzug, um den Autopiloten zu bremsen, der vielleicht eine impulsive, nicht förderliche Reaktion gewählt hätte, und eine bewusste Entscheidung zu treffen. Dazu zählt auch, möglichst gelassen und geduldig zu bleiben. Wenn Sie entspannt sind, überträgt sich Ihre Entspannung auch auf Ihre Klasse. Sollte Ihnen aber doch einmal eine unbedachte Reaktion herausrutschen, die sie später bereuen, verurteilen Sie sich nicht, entschuldigen Sie sich stattdessen aufrichtig und agieren Sie auch hier als Vorbild.

Versuchen Sie in schwierigen Situationen, Ihre eigenen Emotionen zu erkennen und laut auszusprechen, gekoppelt mit dem entsprechenden Bedürfnis, das Sie haben. So lernen Ihre Schülerinnen und Schüler, sich verbal adäquat auszudrücken, und lernen von Ihnen, welche Emotionen es gibt und wie man seine Bedürfnisse adressieren kann.

Übungen für die Kinder

Einige der Übungen, die Ihre persönliche Stärkung unterstützen, eignen sich auch für ihre Schülerinnen und Schüler. Insbesondere empfehlen wir, Achtsamkeitsübungen als Routine in den Unterricht einfließen zu lassen. Sie können beispielsweise jede Unterrichtsstunde mit einer einminütigen Stille beginnen, um eine bewusste Zäsur zwischen Pause / vorheriger Stunde und dem neuen Unterrichtsfach zu setzen und damit ein *Ankommen* zu ermöglichen. Sie können den Schülerinnen und Schülern anbieten, in einer Stresssituation, z. B. einem Test tief durchzuatmen, und mit den Kindern gezielte Atemübungen machen, wenn die Klasse laut ist.

Wenn sie sehr tief und langsam ein- und ausatmen, so hat dies einen positiven Effekt auf das Stressempfinden, denn das langsame Atmen signalisiert dem Gehirn, dass keine Gefahr droht und alles in Ordnung ist, schließlich würde man sonst nicht so langsam atmen. Es empfiehlt sich, beim Atmen mitzuzählen: beim Einatmen bis vier zählen, den Atem anhalten und bis vier zählen, beim Ausatmen bis acht zählen und dann wieder von vorne. Nach sechs bis acht Runden sollte sich bereits ein Effekt einstellen.

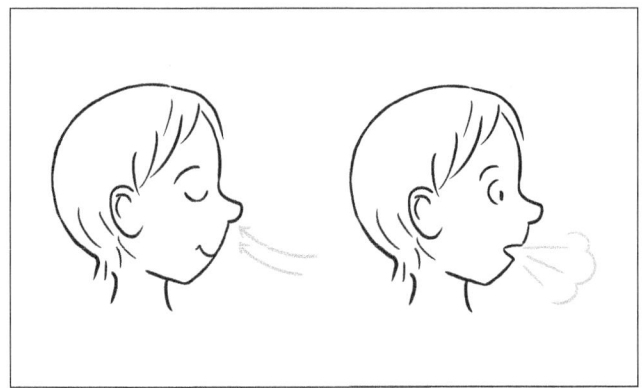

Lassen Sie auch Ihre Schulkinder vom *Journaling* profitieren und malen oder schreiben sie (je nach Alter) mit den Kindern nach stressigen Situationen oder Streit einige Minuten über die Geschehnisse. Auch hier gilt: Das Werk ist nicht für Dritte gedacht, sondern wird vernichtet.

Besprechen Sie außerdem mit den Kindern, welche Gefühle es gibt und welche Bedürfnisse dahinterstecken könnten. Auch hier finden Sie Beispiele unter den Übungen. Diskutieren Sie anhand von Beispielsituationen Gefühle und Bedürfnisse und lassen Sie die Kinder überlegen, was in der jeweiligen Situation wohl helfen würde.

Für alle Übungen gilt: Neue Praktiken einzusetzen, erfordert Zeit. Nehmen Sie sich diese, um die Hintergründe und die möglichen Effekte und Ziele der

Übungen zu erläutern. Bemühen Sie sich um eine klare Struktur bei der Anleitung, die ein routiniertes Gerüst und damit Orientierung für Ihre Schülerinnen und Schüler bietet. Wiedererkennung und Wiederholung sind hilfreiche Rahmen, die die Verankerung und damit erfolgreiche Lernerfahrungen unterstützen. Stellen Sie eine Verbindung zur Lebensrealität ihrer Schulkinder her: In welchen Situationen haben diese schon einmal erlebt, wie wohltuend Stille oder ein achtsamer Moment sein können? Besprechen Sie auch nach den Übungen, was sich ggf. durch die Durchführung geändert hat. Teilen Sie Ihre persönliche Lernerfahrung, Ihre Erfolge und/oder Misserfolge. Lassen Sie Ihre Schülerinnen und Schüler miteinander zu ihren Erfahrungen in den Gruppenaustausch gehen.

nicht leicht öffnen. Hier muss sehr behutsam das Vertrauen und Verständnis dafür aufgebaut werden, dass jede Äußerung in Ordnung ist und dass wir uns dadurch starkmachen, wenn wir uns auch mal verletzlich zeigen. Je mehr das Benennen von Gefühlen zum normalen Alltag dazugehört, umso selbstverständlicher wird es für alle werden, sich daran zu beteiligen. Auch wenn sich einige Kinder nicht selbst äußern, hören sie doch aktiv zu und lernen viel über die Äußerungen der anderen.

Sie finden unter *Übungen* Anregungen und Beispiele in Bezug auf Fantasiereisen und das *Journaling*. Damit helfen Sie Ihren Schulkindern, Akzeptanz aufzubauen.

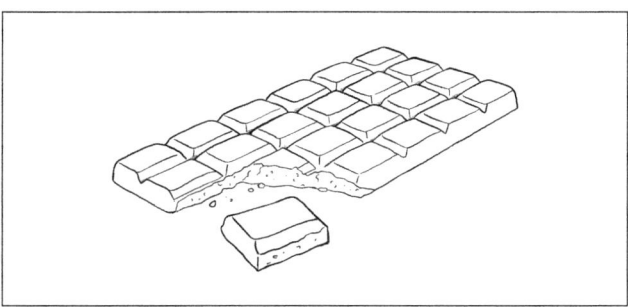

Auch für Kinder können Achtsamkeitsübungen ungewohnt sein. Ein guter Einstieg ist daher z. B. die Schokoriegelmeditation. Die Kinder bekommen einen Schokoriegel geschenkt und dürfen nach Herzenslust schauen, riechen, fühlen und den Riegel natürlich auch auf der Zunge zergehen lassen. Mit diesem positiven Start ist dann die Offenheit für eine Atemübung leichter gegeben.

Lassen Sie sich von Kichern oder Albernheiten nicht beirren, diese sind Zeichen von anfänglicher Unsicherheit und sollten schnell vergehen. Wichtig ist, dass Sie anfangs regelmäßig mit den Kindern besprechen, wie es ihnen ergangen ist und wie es ihnen gefallen hat, und sie in die Frage, ob und wie lange meditiert wird, miteinbeziehen. Vielleicht probieren Sie es auch mit einer kleinen Wette, z. B.: *Wetten, ihr schafft es nicht, zwei Minuten mal nichts zu machen?* Sie können dann die Zeit allmählich steigern.

Kinder, die zu Hause für ihre Sorgen und Probleme kein Gehör finden, werden sich auch in der Schule

Fokus

Unser Blick auf die Welt bestimmt, wie wir sie wahrnehmen. Es gibt also nicht die eine Realität, die durch jeden Menschen gleich erlebt wird. Das, was wir als Realität empfinden,  ist eine Mischung aus dem kleinen Ausschnitt, den wir wahrnehmen, erwarten und der in unser Weltbild passt. In jedem Moment prasseln unzählige Informationen auf uns ein, die wir über die verschiedenen Sinneskanäle aufnehmen könnten. Diese unglaubliche Fülle an Information würde unser System komplett überfordern und überreizen, daher verfügt unser Gehirn über die hilfreiche Schutzfunktion eines Wahrnehmungsfilters (vgl. Bucher, 2011). Je nach Schätzung geht man davon aus, dass nur zwischen 0,0012 und 0,0004 % der Informationen um uns herum bewusst von uns wahrgenommen werden (vgl. Vester, 2014). Wir nehmen also nur einen unglaublich kleinen Teil der Wirklichkeit wahr (vgl. Heining, 2019). Diese Selektion ist uns allerdings nicht bewusst. Für uns fühlt es sich an, als würden wir alles, was da ist, genauso wie es ist, wahrnehmen.

Die Selektion der Informationen hängt von verschiedenen Faktoren ab. Unser Gehirn entscheidet unbewusst, welche Informationen es für uns als wichtig bewertet, welche Informationen wir sowieso erwarten, was uns emotional berührt und was unseren Interessen entspricht. Beispielsweise nehmen wir alles, was lebensrettend oder lebenswichtig ist, überdeutlich wahr. Das kann Feuergeruch sein, eine Sirene, aber auch der Duft von frischem Brot, wenn wir hungrig sind.

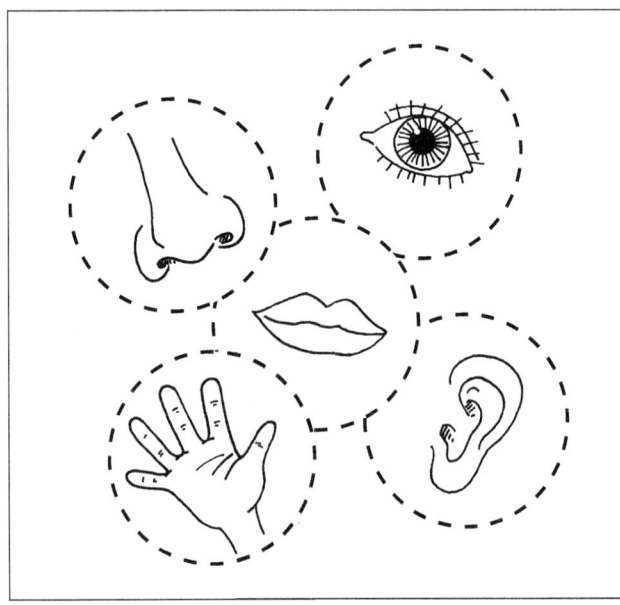

Vielleicht haben Sie schon einmal das interessante Phänomen erlebt, dass Sie sich ein neues Auto gekauft haben und Ihnen nach dem Kauf plötzlich sehr viele Autos genau dieses Fabrikats und dieser Farbe aufgefallen sind, obwohl das vorher nicht der Fall war? Schwangere sehen plötzlich überall andere Schwangere und wenn Sie sich für eine Urlaubsreise nach Schweden interessieren, tauchen plötzlich überall Informationen zu Reisen nach Schweden auf, sei es in der Buchhandlung, im Fernsehen, oder bei einer Unterhaltung mit Kolleginnen und Kollegen. All diese Autos, Schwangeren und Informationen zu Schweden wären auch vorher schon da, sie sind uns bloß nicht aufgefallen, weil wir kein gesteigertes Interesse daran hatten.

Übungen und Beispiele für die Stärkung von Fokus aufseiten der Lehrkraft

Die Einordnung, dass wir nicht die Realität, sondern nur einen kleinen Ausschnitt davon sehen, der unseren Erwartungen entspricht, ist von großer Bedeutung, wenn wir verstehen möchten, warum andere Menschen oft anderer Meinung sind und Situationen anders interpretieren als wir das tun.

Ist Ihre Erwartungshaltung bedingt durch Ihre Erfahrung mit einer Schülerin oder einem Schüler darauf ausgerichtet, dass er sicher heute wieder den Unterricht stören wird, so warten Sie innerlich förmlich darauf, dass genau das passiert, und werden die kleinste Auffälligkeit bemerken und dieser Ihre Aufmerksamkeit schenken. Eine Kollegin, die eine Unterrichtsvertretung macht und nichts von dem notorischen Störenfried weiß, wird den Störungen vielleicht überhaupt keine Beachtung schenken und es als ruhiges Kind erleben.

Evolutionsbedingt sind Menschen sehr empfänglich für Risiken und bewerten Situationen vorsichtshalber pessimistisch. Hier hilft uns ein Blick auf unsere Vorfahren. Diejenigen Vorfahren, die die Höhle selten verlassen haben, weil Ihnen die Gefahr durch den Säbelzahntiger bewusst war, und diejenigen, die immer nur die bekannten Beeren gegessen haben, anstatt unbekannte zu probieren, waren diejenigen, die bessere Überlebenschancen hatten und sich weiter fortpflanzen konnten. Das bedeutet für uns im Umkehrschluss, dass wir die Nachkommen von risikoaversen Menschen sind, die sehr viele Gefahren witterten und in jeder Situation stets alarmiert waren. Kein Wunder also, dass wir stark auf unbekannte Situationen reagieren und im Zweifelsfall unseren Fokus auf die Gefahr richten, um uns frühzeitig schützen zu können.

Medien berichten pausenlos über Flugzeugabstürze, Todesfälle, politische Auseinandersetzungen ferner Länder, prognostizierte Umweltkatastrophen und Unfälle, als gäbe es nichts Positives auf der Welt. Sie machen sich somit unsere Fokussierung auf die Gefahr zunutze: Die Verkaufszahlen belegen, dass Zeitungen eher gekauft werden, wenn emotionalisierende, schockierende und angsteinflößende Nachrichten enthalten sind. Wir Menschen wollen anscheinend die Risiken um uns herum kennen und lesen aufmerksam alle Details dazu. Dabei ist vielen nicht bewusst, dass auch die Zeitungen nur einen kleinen Ausschnitt – meist den negativen – der Realität belegen. Über gesunde Menschen, reibungslose Flüge und Frieden muss nicht berichtet werden, denn das ist der *Normalzustand* und würde sich nicht verkaufen. Dies führt dazu, dass wir uns insgesamt gefährdeter und schlechter fühlen, als es sein müsste, weil wir den Eindruck haben, dass um uns herum nur Schlechtes passiert.

Unser Fokus richtet sich demnach automatisch auf das Kritische, was uns einerseits in echten Gefahrensituationen das Leben retten kann, was uns andererseits aber oft den Blick auf das Positive, auf das, was gut läuft und die Chancen, verblendet.

> Reflektieren Sie Ihr Verhalten bez. Nachrichtenkonsum: Wie oft, wann und in welcher Form konsumieren Sie?  Auch wenn sich die nächste Empfehlung für einige Menschen sonderbar anhören mag, möchten wir Ihnen Folgendes ganz besonders ans Herz legen: Vermeiden Sie den zu häufigen Konsum von Nachrichten, besonders in Bild- oder Videoformat. Informieren Sie sich einmal täglich kurz und knapp über die wichtigsten Geschehnisse, z. B. in einer Zeitung oder im Radio und lassen Sie es dabei bewenden. Zahlreiche Studien zeigen auf, dass Nachrichten emotionale Stressreaktionen verursachen, Bilder erhöhen diese Wirkung zusätzlich. Ihr Fokus wird, wie oben bereits beschrieben, auf das Negative – die Katastrophe – gerichtet. Starten Sie doch stattdessen den Tag mit einer guten Nachricht – entweder aus dem Weltgeschehen oder aus dem persönlichen Umfeld.

Wichtig zu wissen, ist, dass wir uns bewusst entscheiden können, eine neue Sichtweise zu trainieren. Konzentrieren wir uns eine Zeit lang bewusst auf Positives und lenken unsere Aufmerksamkeit auf Potenziale und stärkende Gedanken, so kommen wir wieder in eine Balance und nehmen nicht nur die schwierigen, sondern auch die guten Aspekte in unserem Leben wahr. Dies führt zu mehr Lebensfreude, Glücksempfinden und einer optimistischeren Grundhaltung.

Arbeiten Sie bewusst daran, eine optimistische Perspektive einzunehmen. Wir neigen dazu, das Schlechte, das uns widerfährt, noch schwärzer zu malen, als es ist, und ihm mehr Raum zu geben als notwendig. In diesem Fall kann es hilfreich sein, Abstand zu gewinnen und zu hinterfragen, ob das Problem wirklich so schlimm ist und ob es uns auch in der Zukunft noch negativ beeinflussen wird. Fragen Sie sich ganz konkret, welche Auswirkungen das Problem auf Sie in einer Woche, einem Monat, einem Jahr oder in zehn Jahren haben wird. Durch diese Frage werden Sie feststellen, dass uns viele Themen zwar kurzfristig negativ berühren, die wenigsten Themen haben aber langfristige negative Auswirkungen auf uns.

Schauen Sie, ob die Situation auch positive Chancen bietet. Vielleicht können Sie etwas aus der Situation lernen, oder sie führt zu einer Veränderung, die neue Möglichkeiten und Perspektiven bietet. Wir tendieren oft dazu, uns auf die negativen Aspekte einer Situation zu konzentrieren, anstatt sie objektiv unter all ihren verschiedenen Aspekten zu betrachten.

Führen Sie ein Dankbarkeitstagebuch und halten Sie dazu einmal in der Woche schöne Momente fest. Nachgewiesenermaßen ist Dankbarkeit eine trainierbare Haltung, die unser Leben auf positive Weise beeinflusst (vgl. Lyobumirski, 2013). Dabei geht es nicht darum, höflich und oberflächlich *Danke* zu sagen, wenn jemand die Tür

aufhält. Vielmehr geht es um das tiefer liegende Gefühl der Dankbarkeit (vgl. Heining, 2019). Wenn Sie sich jeden Abend kurz Zeit dafür nehmen, den Tag zu reflektieren und die drei Dinge aufzuschreiben, die während des Tages gut funktioniert haben, schlafen Sie besser, trainieren Sie bewusst Ihren Fokus und steigern Ihr Glücksempfinden. In ihrer sechswöchigen Studie konnte Lyobumirski nachweisen, dass das Glücksempfinden von den Teilnehmenden, die wöchentlich in ihr Dankbarkeitstagebuch geschrieben hatten, deutlich anstieg (vgl. Lyobumirski, 2013).

Bei der Dankbarkeitsübung mag es einigen Menschen zunächst schwerfallen, Dinge zu finden, die es sich aus ihrer Sicht lohnt festzuhalten. Zeigen Sie Ihren Schülerinnen und Schülern auf: Es geht bei dieser Übung nicht darum, nur besonders großartige Dinge zu benennen, sondern darum, sich auch am Kleinen, Normalen, Alltäglichen zu erfreuen, und zu üben, das Positive bewusster wahrzunehmen. Während es am ersten Tag möglicherweise komisch erscheint zu erwähnen, dass das Mittagessen lecker war, kann es nach einigen Tagen bereits zu Schwierigkeiten kommen, sich aus dem vielen Positiven die drei Höhepunkte herauszusuchen.

Wichtig ist, dass Sie die Übungen mit ihren Schülerinnen und Schülern (regelmäßig) reflektieren und hinterfragen: Ist das wirklich die Realität oder meine Interpretation? Welche Sicht auf die Situation könnte mir helfen, sie anders zu verstehen und anders zu bewältigen?

Vorbildfunktion im Klassenraum

Wenn Sie eine Vorbildfunktion einnehmen, um den Schulkindern das Thema *Fokus* näherzubringen, so bedeutet dies, dass Sie auch in schwierigen Situationen Ihre Sichtweise reflektieren und abwägen:

Suchen Sie bewusst das Gute, das, was funktioniert, und benennen Sie es. Üben Sie sich darin, Stärken zu erkennen und zu fördern, anstatt ausschließlich wahrzunehmen, wo etwas nicht funktioniert.

Überdenken Sie Ihre Korrekturen. Ist es vielleicht auch möglich, das Richtige positiv hervorzuheben, statt nur das Falsche rot zu markieren? Vergeben Sie Punkte für die Wörter, die richtig geschrieben wurden, anstatt Fehler zu zählen.

Auch ihre Wortwahl hat großen Einfluss, wie die amerikanische Psychologin Carol Dweck (2017) erforschte. Sagen Sie z. B. statt *Du kannst es nicht!* lieber *Du kannst es noch nicht!*, um das Signal zu geben, dass noch alles möglich ist. Dwecks Konzept *Growth Mindset* liefert Antworten auf die Fragestellung, wie Selbstkonzepte, Motivation, Selbstwirkung und deren Auswirkung auf die Leistung zusammenhängen (vgl. Dweck, 2017). Demnach glauben Menschen mit einem Growth Mindset (im Gegensatz zu denjenigen mit einem Fixed Mindset), „dass ihre Erfolge auf Training, Lernen, harter Arbeit, Durchsetzungsvermögen und Hartnäckigkeit beruhen. Sie haben keine Angst davor zu scheitern, weil sie wissen, dass sie aus Misserfolgen lernen und ihre Leistung so verbessern können" (vgl. Dweck, 2015).

Seien Sie achtsam mit kritischen Aussagen. Menschen beschweren sich unbewusst viele Male am Tag über irgendetwas oder irgendjemanden (vgl. Bowen, 2013). Hierzu zählt Lästern, Jammern und das Sichbeschweren über Dinge, die nicht zu ändern sind, z. B. den Verkehr oder das Wetter oder Dinge, die wir eigentlich hätten beeinflussen können, es aber nicht getan haben. Das Problem daran ist, dass wir uns unbewusst damit in eine Opferrolle begeben und uns und anderen vermitteln, dass wir hilflos den Umständen ausgeliefert sind. Wir halten unseren Fokus gewohnheitsgemäß dann auf dem Schlechten und dem Kritischen, anstatt konstruktiv zu überlegen, wie wir es ändern können.

Aktive und konstruktive Rückmeldung an die beteiligte Person in der konkreten Situation ist wünschenswert und trägt dazu bei, dass sich die Situation verändert. So kann ich beispielsweise in der Besprechung die Kollegen und Kolleginnen bitten, lauter zu sprechen, anstatt mich hinterher bei anderen zu beschweren, dass ich nichts gehört habe.

Informieren Sie doch den Hausmeister darüber, anstatt sich den ganzen Tag darüber zu ärgern, dass es im Klassenraum zu warm ist. Diese Art von Beschwerden, die in die Kategorie konstruktive Rückmeldung als Beitrag für Verbesserung oder Änderung fallen, ist ausdrücklich hilfreich.

Achten Sie darauf, worauf Ihre Aufmerksamkeit in der Klasse liegt. Wie ist heute die Beteiligung zu Beginn eines neuen Projektes: Wer meldet sich häufig und interessiert, wer hält den Finger unten? An welchen Plätzen herrscht Chaos aus Papier und Stiften, wo liegt alles säuberlich sortiert im Mäppchen? Wessen Schrift in der Geschichte können Sie gut lesen, wo können Sie die Schrift kaum entziffern? Hinterfragen Sie Ihre Erwartungen und, was diese mit Ihrer Wahrnehmung macht, und gönnen Sie sich von Zeit zu Zeit einen Reset, um wieder bewusst ein reales Bild Ihrer Klasse zu erhalten.

Übungen für die Kinder

Trainieren Sie gemeinsam mit Ihren Schülerinnen und Schülern den Blick auf das Positive. Sie können beispielsweise regelmäßig nach dem Unterricht reflektieren, was lief gut oder was den Einzelnen gut gefallen hat.

Auch die Dankbarkeitsübung lässt sich gut umsetzen. Jedes Schulkind bekommt ein kleines, schönes Notizbüchlein und darf dort alles notieren, was besonders schön war und wofür es dankbar ist. In regelmäßigen Abständen darf jedes Schulkind aus seinem Notizbuch etwas vorlesen.

Erstellen Sie eine Collage mit Ihren Schulkindern zum Thema: *Was macht uns als Klasse stark? Warum sind wir ein tolles Team?* Hängen sie die Collage als ständige Erinnerung in der Klasse auf und verweisen Sie regelmäßig darauf. Lassen Sie jedes Kind eine Collage über seine persönlichen Stärken erstellen. Die anderen Kinder und Lehrkräfte dürfen ergänzen.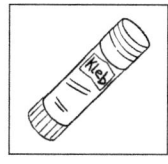

Den Fokus auf das Positive zu richten, fällt dann besonders schwer, wenn man den negativen Gefühlen vorher noch nicht genug Raum gegeben hat. Es geht nicht darum, negative Gefühle wie Trauer oder Sorge wegzudrücken, es geht darum, die gesamte Klaviatur der Emotionen zu spielen und nicht nur im negativen Bereich zu verharren. Bringen Sie im Unterricht zum Ausdruck, dass es gute Gründe für die Trauer oder Sorge gibt und die Gefühle zugelassen werden müssen. Erst dann ist der Blick nach vorne wieder frei.

Sie finden unter *Übungen* Anregungen und Beispiele in Bezug auf Dankbarkeit (*Was war heute gut*) und die Fokussierung auf das Gute (*Warme Dusche, Stärkenfeedback*).

Selbstwirksamkeit

Selbstwirksamkeit ist die Erwartung (auch in schwierigen Situationen) handlungsfähig zu sein. Ihr liegt das Verständnis zugrunde: *Ich habe mein eigenes Schicksal in der Hand und kann mich und die Dinge, die mich umgeben, zum Besseren verändern*. Menschen mit einer hohen Selbstwirksamkeit zeichnen sich durch eine aktiv-konstruktive Haltung aus. Sie verfügen über Selbstvertrauen und die Überzeugung, dass sie in jeder Situation über einen Handlungsspielraum verfügen. Sie suchen aktiv nach Lösungen, Verbündeten und handeln, um eine Situation positiv zu beeinflussen. Sie verfügen über Verantwortungsbewusstsein, Hoffnung und Optimismus und verstehen ihren persönlichen Beitrag. Und es ist ihnen bewusst: Auch etwas nicht zu tun, ist eine Entscheidung.

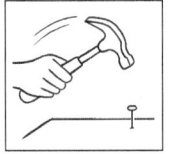

Übungen und Beispiele für die Stärkung von Selbstwirksamkeit aufseiten der Lehrkraft

Zur Stärkung der persönlichen Selbstwirksamkeit ist es wichtig, Eigenverantwortung für sich und die persönliche Situation zu übernehmen und Entscheidungen zu treffen, die die Situation verbessern. Dafür können Sie einen Lösungsmodus einnehmen, anstatt sich zu fragen, wessen Fehler es war oder bei wem die Schuld liegt. Konkrete Übungen zur Stärkung der Selbstwirksamkeit sind:

> Machen Sie sich eine Liste mit 15 Dingen, auf die Sie stolz sind und die beweisen, wie stark Sie sind. Schauen Sie sich diese Liste regelmäßig an und fühlen Sie dabei in sich hinein.
>
> Erledigen Sie etwas, das Sie seit einer Weile vor sich herschieben und spüren Sie, wie gut es tut, diese lästige Aktivität endlich erledigt zu haben.

Jammern hält den Fokus auf dem Negativen. Ein weiterer negativer Aspekt ist, dass wir uns durch Jammern in eine Opferrolle bringen. Der amerikanische Pastor Will Bowen hat sich daher mit seiner *Complaint-free-world-Challenge* eine wirksame Übung ausgedacht, wie wir es schaffen können, uns das Jammern abzutrainieren: 21 Tage nicht jammern! Als Erinnerung an die Übung kann man ein Armband tragen, das man von einem Handgelenk zum anderen wechselt, sobald man sich doch beim Jammern, Beschweren oder Lästern erwischt. Ziel ist es, das Bändchen 21 Tage am gleichen Arm zu tragen, weil sich nach 21 erfolgreichen Tagen ein Bewusstsein für das neue Verhalten eingeprägt hat. Nicht jammern ist dann Teil unseres Autopiloten geworden. *Challenge accepted?*

In einer aktiven Gestalterrolle haben Sie in herausfordernden Situationen drei Handlungsoptionen: Love it, change it or leave it. Sie können also die Situation oder Person so annehmen, wie sie ist und akzeptieren (love it), auch wenn das schwerfällt. Sie können die Situation im Rahmen ihres Einflussbereiches verändern (change it) oder sie können die Situation verlassen (leave it), was z. B. in einem extremen Fall dazu führen kann, einen Job zu kündigen, eine Freundschaft zu beenden oder ein Hobby aufzugeben. Alle diese Handlungsoptionen tragen dazu bei, dass Sie Ihre Selbstwirksamkeit spüren. Sie nehmen es aktiv in die Hand, etwas zu verändern, auch wenn es nur Ihre Haltung der Situation gegenüber ist. Ein Mensch, der sich als nicht selbstwirksam empfindet, leidet weiter.

Vorbildfunktion im Klassenraum

Selbstwirksamkeit wird vermittelt, wenn man sich selbst als aktiv gestaltende Person wahrnimmt und auch entsprechend kommuniziert. Vermeiden Sie es, eine Opferhaltung 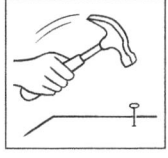 einzunehmen. Besprechen Sie die Situation so, wie sie ist, und erkennen Sie die Möglichkeiten an, die sich daraus ergeben.

Machen Sie Verhaltensweisen der Kinder immer wieder deutlich und verbalisieren Sie auch: *Du hast dich dafür entschieden*. Ein Kind, das vermehrt stört und wie angekündigt dann eine Strafarbeit anfertigen muss, wird die Situation anders verstehen, wenn man es darauf hinweist, dass es seine aktive persönliche Entscheidung war, weiter zu stören und die sich daraus ergebende Konsequenz in Kauf zu nehmen.

Lassen Sie den Schülerinnen und Schülern so viel Handlungsspielraum wie möglich, um ihren Gestaltergeist und ihre Entscheidungskompetenz zu trainieren, z. B. indem Sie das Farbspektrum für die Gestaltung eines Dschungelbildes nicht explizit auf Grün- und Brauntöne einschränken. Auch die freie Lernzeit, in der die Kinder Arbeitspläne *abarbeiten* und sich selbst strukturieren, ist ein Paradebeispiel für Selbstwirksamkeit, weil die Kinder selbst entscheiden, wann was gemacht wird.

Machen Sie sich verletzlich und zeigen sich selbst als lernende Person. Wenn Ihre Schülerinnen und Schüler erleben, wie Sie Herausforderungen meistern und dass Sie in schwierigen Situationen darüber nachdenken, was Ihre Handlungsoptionen sind, verstehen sie, dass es nicht die eine *richtige* Lösung gibt, dass es aber sehr wohl die richtige Herangehensweise gibt: nachdenken, ausprobieren und reflektieren.

Vertrauen Sie in die Kompetenz Ihrer Klasse, selbst die Experten und Expertinnen ihrer Gruppe zu sein, wie in verfahrenen Situationen eine Lösung aussehen könnte. Fragen Sie die Schulkinder in schwierigen Situationen um Rat oder Unterstützung und diskutieren sie deren Ideen. Beispielsweise kann eine unruhige Klasse die Aufgabe bekommen, darüber nachzudenken, wie mehr Ruhe einkehren kann.

Übungen für die Kinder

Wecken Sie den Gestaltergeist Ihrer Schülerinnen und Schüler und lassen Sie sie aktiv werden, indem sie z. B. Mutsteine bemalen, Collagen anfertigen oder Sorgenfresserchen nähen.

Auch das gemeinsame Einrichten einer Relaxecke, in die sich die Kinder zurückziehen können, kann eine gute Option sein, den Kindern Handlungsalternativen aufzuzeigen für den Fall, dass es ihnen nicht gut geht.

Arbeiten Sie mit Beispielübungen für herausfordernde Situationen, z. B. eine schwierige Situation im Klassenchat, und lassen Sie die Schülerinnen und Schüler nach Handlungsoptionen suchen: *Was hättest du in dieser Situation gemacht?* Das schult einerseits die Kreativität, aber auch den natürlichen Drang, Lösungen zu finden.

Legen Sie gemeinsame Vereinbarungen in der Klasse zum Umgang mit Herausforderungen fest, dann haben Ihre Schulkinder und Sie für den Notfall eine Strategie parat, die Sicherheit und Orientierung bietet. So ist es einfacher, bei Unruhe auf die Klassenregeln zu verweisen und dementsprechend mit den Kindern z. B. ein kurze Runde über den Schulhof zu drehen, als den Unterricht fortzuführen und parallel darüber nachzudenken, wie Sie jetzt weiteragieren sollen, um die Ordnung wiederherzustellen.

Gerade kleineren Kindern fällt die Suche nach einer konstruktiven Lösung anfangs sehr schwer. Fragen Sie daher regelmäßig die Kinder, was sie brauchen, und trainieren Sie somit frühzeitig das Verständnis für die eigenen Bedürfnisse und Handlungsmöglichkeiten.

Unabhängig von dem Bedürfnis, die Kinder vor Gefahren zu schützen, neigen einige Eltern dazu, ihre Kinder selbst in unwichtigen Themen zu bevormunden, z. B. bei der Frage, was das Kind anziehen soll oder mit wem es sich verabredet. Kinder, die frühzeitig Entscheidungen treffen dürfen, erfahren, dass sie gehört werden, mitbestimmen können und damit ihr Leben und ihr Wohlbefinden beeinflussen.

Es gibt übrigens ein interessantes Phänomen, die sogenannte erlernte Hilflosigkeit. Menschen, die immer wieder in ihrem Leben die Erfahrung gemacht haben, dass sie nicht selbstwirksam sind, sind irgendwann nicht mehr in der Lage, konstruktiv und kreativ nach Lösungen zu suchen, und scheitern an den einfachsten Aufgaben. Kindern alle Entscheidungen abzunehmen, ihre Wünsche nicht zu respektieren, weil man es vermeintlich besser weiß, und sie in Themen, die sie selbst betreffen, nicht aktiv einzubinden, kann daher sehr kontraproduktiv sein.

Sie finden unter *Übungen* Ausführungen zu *Unsere Vereinbarungen in der Klasse*, *Random Acts of Kindness* und zur *Stop-Complaining-Challenge*.

Verbundenheit

Gerald Hüther, einer der bekanntesten Hirnforscher Deutschlands und Autor zahlreicher Bücher, vertritt die Auffassung, dass jeder Mensch mit zwei Grundbedürfnissen geboren  wird. Das ist zum einen das Bedürfnis nach Freiheit und damit nach Wachstum und Entfaltung. Und zum anderen das Bedürfnis nach Verbundenheit (vgl. Hüther und Spanndauer, 2018). Menschen sind soziale Wesen und haben das tiefe Bedürfnis nach vertrauensvollen Beziehungen und dem Gefühl der Zugehörigkeit. Was vor der Pandemie von vielen Menschen als selbstverständlich wahrgenommen wurde, wurde im Lockdown plötzlich zur Herausforderung. Die Sorge, dass Nähe und sozialer Kontakt zur Infizierung mit einer tödlichen Krankheit führen können, hat die Freude am Zusammenkommen und den sorglosen Umgang miteinander nachhaltig verändert. Insbesondere jüngere Kinder, die anteilig gesehen einen großen Teil ihres Lebens in sozialer Isolation verbracht haben, haben die Sorge vor Ansteckung und die damit verbundene Zurückhaltung, Freunde und Familie zu treffen, als prägend erlebt. Dabei ist Verbundenheit, wie oben beschrieben, essenziell.

Der Umgang der Kinder miteinander in den Schulen war lange geprägt davon, Abstand zu halten, sich nicht zu berühren und sich nur mit Maske zu unterhalten. Die regelmäßige Unklarheit, welche Kontaktregel gilt und warum ich am Montag ohne Maske zur Schule kommen darf, am Mittwoch aber nicht mehr, hat große Verunsicherung ausgelöst und nachhaltig das Gefühl darüber, wie ich mit anderen nah sein darf, verändert. Das Thema *Verbundenheit* und *Freundschaft* sollte daher umso stärker im Unterricht thematisiert und kontinuierlich reflektiert werden. Kleine Gesten, Rituale und Kommunikation helfen dabei, Nähe und Vertrauen wieder herzustellen und trotz aller Kontaktregelungen in enger Bindung zu bleiben.

Ein weiterer damit verbundener Aspekt in diesem Kapitel ist die Erkenntnis, dass man sich Hilfe holen darf und nicht auf sich allein gestellt ist.

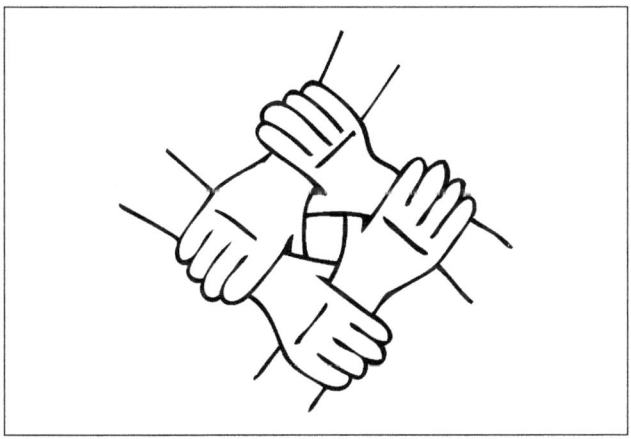

Nicht zuletzt gilt beim Thema Verbundenheit, dass die Verbindung zu uns selbst essenziell für eine gute Verbindung mit unserer Umwelt ist. Sind wir in der Lage, in uns hineinzuspüren und zu erkennen:

- Wie geht es mir?
- Was benötige ich, damit es mir gut geht?
- Wie schaffe ich es / Was brauche ich, um in gute Verbindung mit meiner Umwelt zu treten?

In diesem Kontext ist Achtsamkeit erneut ein hilfreiches Konzept, sich bewusst im Moment zu beobachten, ohne zu bewerten.

In der Führungskräfteentwicklung gewinnt das Konzept der psychologischen Sicherheit zunehmend an Bedeutung. Amy Edmondson definiert psychologische Sicherheit als „eine vertrauensvolle Atmosphäre, in der alle Teammitglieder sich offen äußern können, ohne beschämt zu werden, abgewiesen zu werden, oder sonst wie negativ sanktioniert zu werden" (vgl. Edmondson, 2018). Führungskräfte stellen sich der Frage, ob sich die Mitarbeitenden in ihrem Team sicher fühlen und dies z. B. dadurch zum Ausdruck bringen, dass sie den Mut haben zu widersprechen, eine eigene Meinung zu äußern, kritische Fragen zu stellen oder um Hilfe zu bitten. Anhand von Fragebögen wird das Sicherheitsgefühl der Mitarbeitenden ermittelt, die sich z. B. zu den folgenden Aussagen äußern:

- In diesem Team ist es kein Problem, einen Fehler zu machen.
- In diesem Team kann ich auch schwierige Themen zur Sprache bringen.
- In diesem Team werde ich für meine Stärken und Talente gesehen und geschätzt.

Zur Verbesserung der psychologischen Sicherheit im Team wird empfohlen, selbst eine Vorbildfunktion einzunehmen, offen über das Thema zu kommunizieren, das Team nach  seinen Bedürfnissen zu fragen und Aspekte, die bereits gut laufen, auszubauen und auf andere Bereiche auszuweiten.

Überträgt man das Konzept der psychologischen Sicherheit auf den Schulalltag, so wird schnell ersichtlich, welches Rollenverständnis Sie als Lehrkraft einnehmen könnten: Das einer modernen Führungskraft, die sich für eine sichere und vertrauensvolle Lernatmosphäre einsetzt. Sind Schülerinnen und Schüler verängstigt oder fangen sogar an zu weinen, weil sie die Konsequenzen nicht abschätzen können oder bereits aus Vorerfahrung wissen, dass sie nun bestraft werden? Trauen sich die Schülerinnen und Schüler, ihre Meinung zu vertreten und unterstützen sie sich gegenseitig?

Achten Sie doch in der nächsten Zeit einmal bewusst darauf, wie Sie das Gefühl von Sicherheit in der Klasse einschätzen und reflektieren Sie die Veränderungen, wenn Sie unsere Übungen und Tipps regelmäßig anwenden.

Übungen und Beispiele für die Stärkung von Verbundenheit aufseiten der Lehrkraft

Um die persönliche Verbundenheit zu Familie, Freunden, Bekannten sowie Kolleginnen und Kollegen zu stärken, bedarf es Proaktivität und Einsatz. Investieren Sie Zeit und Energie, Ihrem Umfeld Ihr Interesse am Kontakt zu signalisieren und seien Sie offen. Wertschätzende, regelmäßige Kommunikation, z. B. in Form von kleinen Dankesnachrichten, kleinen Geschenken oder Anrufen, sind einfache Möglichkeiten, die Verbindung immer wieder herzustellen und zu festigen.

Nehmen Sie sich die Zeit und überraschen Sie eine/-n liebe/-n Nachbar/-in oder Ihr Kollegium mit einem selbst gebackenen Kuchen. Beginnen Sie die nächste Schulkonferenz mit einer Komplimenterunde.

Bleiben Sie gleichzeitig in guter Verbindung mit sich selbst und auch offen dafür, Unterstützung zu empfangen. Genießen Sie es auch, kleine Gefallen und Aufmerksamkeit aus Ihrem Umfeld wahr- und anzunehmen.

Vorbildfunktion im Klassenraum

Werte und Verhalten, die zu vertrauensvollen Beziehungen führen, können im Schulalltag jederzeit vorgelebt werden. Wenn Sie Verständnis für Ihre Schulkinder zeigen und sich anhören, warum beispielsweise die Hausaufgabe nicht gemacht wurde, signalisieren Sie, dass Sie in Kontakt sind und die Schülerinnen und Schüler ernst nehmen.

Kommunizieren Sie bestmöglich gewaltfrei (vgl. Rosenberg). Wenn Ihnen etwas (negativ) auffällt, können Sie Ihre Beobachtungen sachlich äußern, diese jedoch nicht bewerten oder beurteilen oder in einen Kontext stellen, z. B. mit der Aussage *Das machst du immer*. Bleiben Sie berechenbar und authentisch und signalisieren Sie damit, dass Sie eine verlässliche Person sind, der man jederzeit etwas anvertrauen kann: *Mir ist aufgefallen, dass … / Ich nehme wahr, dass du in letzter Zeit häufiger …*

Bleiben Sie insbesondere auch gerade dann in Verbindung, wenn die Situation schwierig wird. Sich abzuwenden und/oder andere, wenn auch nur für einen Moment zu ignorieren, sind drastische Maßnahmen, die Kinder in ihrem Grundvertrauen erschüttern und eine vertrauensvolle Beziehung unmöglich machen. Gönnen Sie sich und dem Kind im Streitfall eine kurze Auszeit und signalisieren gleichzeitig, dass Sie jederzeit wieder gesprächsbereit sind.

Übungen für die Kinder

Der Morgenkreis ist eine schöne Möglichkeit, den Kindern Zeit zum Ankommen und zum Austausch miteinander zu geben. Es ist für die meisten Kinder sehr wichtig, sich vor dem Unterricht kurz mit den Freundinnen und Freunden auszutauschen oder etwas Erlebtes mit den anderen zu teilen. Nimmt man Kindern diese Möglichkeit, weil man beispielsweise mit dem Stoff noch hinterherhängt, wird der Zeitinvest, um die Kinder ruhig zu halten und sie auf den Unterricht zu konzentrieren, im schlimmsten Fall größer sein als die Dauer eines Morgenkreises. Besonders gute Verbindung können Sie im Morgenkreis herstellen, wenn Sie die Schulkinder über ihre Gefühle sprechen lassen, z. B. mit der Frage: *Wie geht es mir heute Morgen?* oder *Was beschäftigt mich gerade?* Vielleicht fällt es einigen Kindern am Anfang schwer zu verstehen, was sie darauf antworten sollen, aber mit der Zeit werden sie lernen, ihre Emotionen zu verbalisieren und davon profitieren.

Stärkung von Resilienz im Schulalltag – Verbundenheit

Arbeiten Sie alternativ auch gerne mit verschiedenen Emojis oder Tiersituationen (z. B. ein Delfin springt aus dem Wasser, ein Hund fletscht die Zähne, ein Affe macht ein lustiges Gesicht).

Für positive Überraschung und gute Stimmung sorgen Dankes- oder Komplimentekarten, die sie mit den Schülerinnen und Schülern gemeinsam gestalten und diese dann für ihre Mitschülerinnen und Mitschüler beschriften lassen. Achten Sie aber in jedem Fall darauf, dass alle am Ende gleich viele Karten erhalten.

Eine weitere Übung, die wir sehr empfehlen, ist die *Warme Dusche*. Jedem Kind wird ein Blatt Papier auf den Rücken geklebt. Die Kinder bewegen sich durch die Klasse und schreiben den anderen Kindern die Stärken, die sie bei ihnen erkennen, auf das Papier. Am Ende wird das Papier gemeinsam abgelöst und gelesen.

Bei der Übung *Der geheime Freund* geht es darum, jedem Kind ein anderes Kind zuzulosen, um das es sich in den kommenden Wochen ganz besonders kümmert. Es darf Geschenke mitbringen, geheime Botschaften auf den Tisch legen und z. B. beim Aufräumen helfen. Alle Aktivitäten sollen aber wie von Zauberhand im Verborgenen geschehen, sodass sich Beschenkte immer wieder freuen können und sich diese Freude auf die gesamte Klasse und nicht nur auf das Kind überträgt.

Der Umgang mit Kindern, die noch nicht gut in die Gruppe integriert sind, braucht bei diesen Übungen Ihre besondere Aufmerksamkeit, schließlich sollen insbesondere auch diese Kinder positive Erfahrungen machen und nicht in dem Glauben bestärkt werden, dass sie unbeliebt sind. Stellen Sie daher bei allen Übungen sicher, dass auch diese Kinder adressiert werden und reichlich Lob, nette Worte und Dank bekommen.

Vielleicht gibt es auch Kinder in Ihrer Klasse, die die Übungen nicht mögen. Sie finden sie vielleicht langweilig, wissen nicht, was sie sagen sollen oder finden sie einfach unnötig. Hinter all diesen Gründen kann Unsicherheit liegen, selbst keine schönen Botschaften zu bekommen.

Auch fällt es vielen Kindern anfangs schwer – Erwachsenen übrigens auch –, nette Komplimente auszusprechen, denn sie sind es nicht gewohnt, auf das Positive zu achten und dies auch zu verbalisieren. Hier gilt: Übung macht die Meisterin / den Meister. Besprechen Sie mit den Kindern, was gute Komplimente sind und was nicht. Je konkreter das Kompliment ist, umso mehr wird sich das Empfängerkind darüber freuen und sich gesehen fühlen. Gute Komplimente sind beispielsweise: *Ich mag deine langen Haare*, *Ich finde es toll, wie du Oscar letztens im Sportunterricht geholfen hast* oder *Mit dir zusammen macht der Schulweg richtig Spaß*. Vermieden werden sollen Aussagen, die falsch verstanden werden könnten oder relativieren, z. B.: *Eigentlich bist du ja ganz nett* oder *Wenn du nicht so angeben würdest, fände ich dich okay*. Sollten Sie ältere Kinder unterrichten, werden Komplimente vielleicht als peinlich empfunden. Besprechen Sie das mit der Klasse und nehmen Sie den Kindern somit ihre Bedenken.

Auch Komplimente zu erhalten, will gelernt sein. Reflektieren Sie mit Ihrer Klasse, wie es sich angefühlt hat, etwas Nettes gesagt zu bekommen, und wovon es abhängt, ob ich ein Kompliment dankbar annehmen und glauben kann.

Sie finden unter *Übungen* Ausführungen zu der *4-4-8-Meditation*, *Achtsames Essen*, *Meine Emotionen und ich*, *Der geheime Freund* und *Sport im Schulalltag*.

Warum ist Resilienz so wichtig?

Fallbeispiel: Tanja Fritze

Tanja Fritze, 45 Jahre alt, ist Grundschullehrerin, hat zwei Kinder im Alter von 15 und 13 Jahren und einen Mann, der ganztags arbeitet. Frau Fritze unterrichtet sehr gerne … immer schon. Nur seit einiger Zeit wird ihr alles zu viel. Die beiden Töchter sind ganz schön herausfordernd, seit sie in die Pubertät gekommen sind. Während Frau Fritze es früher sehr genossen hat, Zeit mit ihnen zu verbringen, und hieraus Kraft geschöpft hat, sind ihr die ewigen Diskussionen, der Dauerstreit und die Sorgen um die beiden Mädchen im Moment einfach zu viel. Auch in der Schule ist es aktuell anstrengender als sonst. Seit einigen Monaten sind mehrere Stellen unbesetzt, deshalb stehen regelmäßige Vertretungsstunden, Sonderaufgaben und Überstunden auf dem Plan. Wirklich abgrenzen kann sie sich nicht, denn – wer soll die Arbeit machen? Alle im Kollegium sind eingespannt, da kann sie doch nicht als Einzige früh nach Hause gehen. Zeit für netten Austausch mit den Kolleginnen und Kollegen, den gemeinsamen Kaffee in der Pause oder die Schulprojekte, die man liebevoll begonnen hatte, bleibt leider auch nicht mehr. Stattdessen hat Frau Fritze oft das Gefühl, dass sie im Hamsterrad festsitzt. Sie verspürt Frust statt Lust, ist abends oft so gestresst, dass sie kaum in den Schlaf findet, und stellt an sich selbst schon beunruhigende Veränderungen fest. So war sie gestern wegen eines vergessenen Matheheftes wirklich ausgesprochen streng zu Ayse gewesen, obwohl sie eine sehr liebe und aufmerksame Schülerin aus ihrer Klasse ist und das Vergessen auf einem Missverständnis beruhte. Auch in der letzten Klassenkonferenz hatte sie oft fahrig reagiert und ungeduldig auf den Tisch getrommelt, als ihr die Diskussionen zu lang wurden. Im Nachhinein tut ihr das immer sehr leid, aber in den Situationen selbst ist sie so unter Druck, dass sie irgendein Ventil braucht, um sich Luft zu verschaffen.

Frau Fritze möchte wieder mehr für sich sorgen. Sie möchte sich wieder wohlfühlen in ihrer Haut und das Gefühl haben, aktive Gestalterin ihres Lebens zu sein, statt Opfer der Umstände. Von einem Resilienztraining verspricht sie sich Klarheit darüber, wie sie das konkret angehen kann und was sie für sich verändern muss, damit es ihr wieder besser geht.

Tanja Fritze und ihr Resilienztraining

Frau Fritze hat durch die Beschäftigung mit den unterschiedlichen Facetten von Resilienz herausgefunden, dass ihr dauerhaft hoher Stresspegel dazu führt, dass sie in einem permanenten Ausnahmezustand ist, dem Flucht- oder Angriffszustand. Anstatt gelassen und neugierig auf die Umstände des Lebens zu reagieren, fühlt sie sich bereits von Kleinigkeiten überfordert. Insbesondere das Kapitel *Akzeptanz* hat Frau Fritze mit großem Interesse gelesen.

Dadurch ist ihr bewusst geworden, dass sie sich sehr schwer damit getan hat, ihre Herausforderungen anzuerkennen, weil sie immer dachte, damit würde sie sich ein persönliches Scheitern eingestehen. Schließlich erinnert sie sich sehr genau, wie ihre Eltern früher Probleme gelöst haben. Ihr Motto war stets: Augen zu und durch. Frau Fritze erkennt nun, dass sie versucht hat, ihre Probleme nach dem gleichen Schema anzugehen, und dass sich viele Lösungswege gar nicht erst aufgezeigt haben, weil da immer dieser selbst erzeugte Druck war, unbedingt durchhalten zu müssen. Und genau das möchte sie nun ändern. Frau Fritze hat nun verstanden, dass es keine Schwäche ist, Pausen zu machen und kleine Auszeiten einzuplanen, sondern elementar für ihre Gesundheit. Sie hat sich fest vorgenommen, mehr von den Dingen in ihr Leben zu integrieren, die ihr Spaß machen und Kraft geben, damit sie andererseits dann auch genügend Energie für die Dinge hat, die sie fordern. So fährt sie nun wieder regelmäßig zum Basketballtraining und nimmt einmal pro Woche Saxofonunterricht. Da sie verstanden hat, wie positiv sich Achtsamkeitstraining auf das Stressempfinden und das allgemeine Wohlbefinden auswirken kann, hat sie sich für einen Yogakurs angemeldet und steht täglich zehn Minuten früher auf, um ihre erste Tasse Kaffee des Tages in Achtsamkeit und ohne Ablenkung genießen zu können.

Erste Veränderungen bemerkt Frau Fritze schon nach wenigen Tagen. Als es zu einer Auseinandersetzung mit einer der Töchter kommt und Frau Fritze schon den ihr so vertrauten Wutausbruch erwartet, der sie normalerweise in dieser Situation überkommt, bleibt dieser plötzlich aus. Stattdessen lächelt Frau Fritze innerlich und wundert sich darüber, warum sie sich früher darüber so aufgeregt hätte. Auch die Probleme in der Schule fühlen sich nicht mehr so bedrohlich an, da Frau Fritze durch ihre neuen Interessen andere Themen hat, mit denen sie sich gedanklich beschäftigen kann. Ihre früheren Gedankenkarusselle, die sie nachts nicht haben schlafen lassen, sind zur Ruhe gekommen, weil der Fokus nicht mehr alleine auf den Problemen liegt und das Leben insgesamt mehr in Balance ist.

Fallbeispiel: Sven Krause

Sven Krause ist mit Leib und Seele Vertrauenslehrer an einer Grundschule. Er hat eine enge Verbindung zu seinen Schülerinnen und Schülern und hilft ihnen, wo er nur kann. Seine AGs sind immer randvoll und auch seine Sprechstunde erfreut sich größter Beliebtheit. Bisher hatte Herr Krause auch das Gefühl, für jede Art von  Gespräch und Herausforderung der Schulkinder gewappnet zu sein und immer einen Tipp oder eine Lösung parat zu haben.

In letzter Zeit stellt er aber fest, dass sich Kinder zunehmend mit Sorgen und Ängsten an ihn wenden. Die Coronazeit, vermehrte Arbeitslosigkeit in den Familien, aber auch die Nachrichten hinterlassen ihre Spuren und verunsichern die Kinder. Herr Krause nimmt sich sehr viel Zeit mit den Kindern darüber zu sprechen, dennoch hat er am Ende der Stunden immer einige Zweifel, ob er wirklich weiterhelfen konnte. Er bräuchte so etwas wie einen Toolkoffer mit Übungen, die er mit den Kindern durchführen kann, um sie zu stärken und für ihre Herausforderungen zu trainieren.

Herr Krause und sein Resilienztraining

Herr Krause ist auf der Suche nach Tools, die ihm dabei helfen, seine Schülerinnen und Schüler zu stärken, fündig geworden. Er hat verstanden, dass Resilienztraining ein längerer Prozess ist, und sich daher dazu entschieden, das Training regelmäßig und nachhaltig in seinem Unterricht zu verankern. Dafür nimmt er kleine Schritte, um die Kinder nicht zu überfordern, und beobachtet genau, was sich aus den Übungen entwickelt. Seine erste Maßnahme ist es, den Montagmorgen-Stuhlkreis etwas umzuwidmen und nicht mehr nur über die Aktivitäten am Wochenende zu berichten, sondern bewusst nach den schönen Momenten am Wochenende zu fragen. Zudem führt er einen Freitagmittag-Stuhlkreis ein, um die Woche mit einer Reflexion dazu abzuschließen, was an dieser Schulwoche besonders schön war und worauf wir als Klasse stolz sein können. Jeder Satz wird eingeleitet mit den Worten *Ich bin dankbar für …* Um die Kinder, die über Angst und Sorgen sprechen, darin zu unterstützen, gedanklich im Hier und Jetzt zu sein, und damit Ruhe im Kopf zu erzeugen, macht er mit den Kindern regelmäßige Achtsamkeitsübungen. Besonders gut kommt die Schokoladenmeditation bei den Kindern an, diese wird zum regelmäßigen Bestandteil einer guten Schulwoche. Aber auch kurze Atemübungen und Muskelan- und -entspannung fallen den Kindern leicht und stoßen auf großes Interesse. Mit dem Kunstlehrer vereinbart Herr Krause, dass die Kinder als nächstes Projekt Sorgenfresser basteln dürfen. Diese werden dann im Klassenzimmer aufgehängt und bei Bedarf gefüllt. Schon nach kurzer Zeit merkt Herr Krause eine Veränderung in der Klasse. Die Kinder wirken entspannter und sind ausgelassener und fröhlicher.

Erstaunlicherweise ist der Unterricht in deutlich konzentrierterer und fokussierter Atmosphäre möglich, wenn er mit einer Atemübung begonnen hat. Am allerbesten gefallen Herrn Krause aber die glücklichen und stolzen Gesichter, wenn die Klasse darüber spricht, was gut gelaufen ist, welche geheimen guten Taten große Freude bereitet haben und man sich gegenseitig Komplimente macht.

Fallbeispiel: Lilly

Lilly ist 8 Jahre und besucht die Grundschule in ihrem Heimatdorf. Sie geht gerne zur Schule und mag ihre Klassenkameradinnen und -kameraden sehr gerne. Vor einigen Wochen ist allerdings ihre beste Freundin Kira weggezogen und geht jetzt in einer anderen Stadt zur Schule. Lilly vermisst sie sehr. Außerdem hat sie auch in der Schule das Gefühl, plötzlich unsichtbar zu sein: Sie meldet sich so oft, doch ihre Lehrerinnen und Lehrer nehmen sie überhaupt nicht dran.

Auch ihr Beitrag zum Kunstprojekt ist nicht aufgehängt worden, das findet sie sehr gemein. Zu allem Überfluss soll bald eine Lesenacht mit Übernachtung in der Schule stattfinden und sie hat Angst, dass sie weinen muss, weil sie eigentlich gar nicht von zu Hause weg schlafen mag. Kira ist da immer so lässig und mutig gewesen und an ihrer Seite hat sie sich sicher gefühlt. Wie hat sie das nur gemacht, so stark zu sein? Sie bräuchte dringend eine Idee, wie sie mit der Situation umgehen kann, damit sie sich wieder besser fühlt. Vielleicht kann man Widerstandskräfte ja lernen? Genau das würde sie jetzt gerne tun.

Lilly und ihr Resilienztraining

Heute steht sie bevor: die lange Lesenacht. Lilly hat immer noch ein wenig Bammel davor, außerhalb ihres Elternhauses zu schlafen, aber sie weiß inzwischen, was sie tun kann, um sich selbst zu beruhigen. Alles begann mit dem Morgen-Stuhlkreis am Montag letzte Woche. Lilly sollte berichten, was ihr am Wochenende Schönes passiert ist, aber da war … nichts. Und auf einmal kullerten Tränen aus ihren Augen und sie erzählte, wie schlimm sie ihre Freundin Kira vermisst und dass sie deshalb sehr traurig ist. Eigentlich wollte sie sich gerne in die Leseecke zurückziehen und ihre Ruhe haben, doch da meldeten sich Sophia und Ben zu Wort, die berichteten, dass sie Kira ebenfalls sehr vermissen und verstehen, wie schwer es für Lilly sein muss. Da hatte ihr Lehrer Herr Krause die Idee, dass sie gemeinsam einen Brief an Kira schreiben sollten. Das nahmen die drei dankbar auf und schrieben ganze zwei Blätter voll und malten sogar noch ein tolles Bild. In der Pause hatte Lilly dann weiter mit Sophia und Ben gespielt und sich durch das gemeinsame Erlebnis gleich mit ihnen verbunden gefühlt. Besonders mag Lilly auch das neue Kunstprojekt ihrer Klasse: Hier gestalten die Kinder der Klasse Sorgenfresserchen mit vielen bunten Stoffen und Materialien.

Lilly hat sich gleich besonders viele verschiedene Motive ausgesucht, denn sie will sich beeilen und auch für Kira ein Sorgenfresserchen nähen und in einem Paket an sie senden. Bei dem Gedanken daran, ihre Freundin zu unterstützen, glühen ihre Wangen voll Vorfreude. In dieser Woche waren dann einige schöne Sachen passiert: Am Dienstag hatte Lilly einen Schokoriegel in ihrer Brotdose gefunden, obwohl ihre Mama ihr eigentlich nie einen mitgibt. Den hatte sie sich dann in der Hofpause mit Sophia geteilt und dabei zusammen mit ihr das Schokomeditieren geübt, was Herr Krause kürzlich erst vorgestellt hatte. (So bewusst den Duft und den Geschmack der süßen Schokolade wahrzunehmen, hat ihr ein ganz intensives Gefühl vermittelt, wie wertvoll die kleine Köstlichkeit ist. Das mag sie gern.) Dann waren auf einmal nach der Hofpause all ihre Buntstifte säuberlich gespitzt und in ihr Mäppchen geräumt, das war schon sehr sonderbar, aber kam genau richtig für die Deutschstunde, in der sie heute einige farbige Unterstreichungen machen musste. Und heute hatte ihr jemand eine kleine flauschige Engels-Fingerpuppe auf den Schreibtisch gelegt mit einem Zettel, dass der kleine Engel in der Lesenacht auf sie aufpassen würde. Fast vermutet sie, dass Sophia hinter den kleinen Wundertaten steckt, zumindest sah die Schrift ihrer ein bisschen ähnlich.

Seitdem weiß Lilly, heute Nacht kann es einfach nur gut werden, und daher freut sie sich nun schon fast auf den Abend und ihr kleines Abenteuer in der Schule. Am Freitag im Mittags-Stuhlkreis würde sie auf jeden Fall die schönen Überraschungen ansprechen und sich bei den wundersamen Helfern bedanken.

Auf dem Weg zur resilienten Schule

Ideen für das Kollegium

In den vorherigen Kapiteln haben Sie viele Ideen bekommen, was Sie selbst dafür tun können, sich selbst und Ihre Klasse resilienter zu machen. Vielleicht fragen Sie sich nun, wie die gesamte Schule davon profitieren kann oder wie ein so großes System wie die Schule überhaupt verändert werden kann. Nachfolgend finden Sie dazu einige Anregungen.

Mit der Akzeptanz der Tatsache, dass es in herausfordernden Situationen eine neue Kompetenz weiterzuentwickeln gilt – für Sie selbst, aber auch für Ihre Schülerinnen und Schüler –, zeigen Sie, dass Sie Zugang zu Ihren Bedürfnissen und eine Handlungskompetenz haben und dass Sie nicht hadern, sondern mit offenem Blick nach Lösungen forschen. Es zeigt, dass Sie sich für die Unterstützung Ihres Umfelds verantwortlich fühlen, empathisch und selbstreflektiert sind und sich dafür einsetzen, die Situation für die Einzelnen zu verbessern. Dies ist bereits der Startpunkt, aus dem sich vieles entwickeln kann.

Die Tatsache, dass Sie in diesem Buch und neugierig in Ihrem Umfeld den Aufmerksamkeitsfokus auf hilfreiche Erkenntnisse sowie praktikable Übungen setzen, ermöglicht, dass Ihr Gehirn Ihnen mehr relevante Signale und Reize aus diesem wesentlichen Themenkomplex herausfiltert und in Ihre bewusste Wahrnehmung durchdringen lassen wird. Es wird Sie bei der Suche nach resilienten Lösungen von nun an besser unterstützen, denn nun liegt ihr Fokus darauf, resilienter zu werden und weitere Informationen darüber zu sammeln.

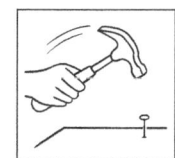

Bereits die Beschäftigung mit dem Inhalt dieses Buches und das Ausprobieren der ein oder anderen Übung sind Ausdruck Ihrer Selbstwirksamkeit. Sie packen das Thema an, Sie nutzen Ihren Handlungsspielraum, um etwas für sich persönlich zu lernen und Inspiration zu erhalten, wie Sie diese Impulse mit Ihrem Umfeld, insbesondere Ihren Schülerinnen und Schülern, teilen können.

Nicht zuletzt werden Sie vielleicht zunächst nur mit ausgewählten Kolleginnen und Kollegen Ihre Erfahrungen und Erkenntnisse teilen. Durch den Austausch mit Ihrem Umfeld werden Sie bestärkt und ggf. weiter inspiriert, noch mehr auszuprobieren und mutiger zu werden, und sich dabei gegenseitig zu unterstützen.

Letztlich ist es nur eine Frage der Zeit, bis bereits eine größere Zahl Ihres Kollegiums auf das Thema *Resilienz* aufmerksam geworden ist. Warum setzen Sie das Thema nicht auf die Agenda der nächsten Konferenz und entscheiden gemeinsam im Kollegium, welche Maßnahmen klassenübergreifend die Situation an der Schule verbessern können?

Hier ein paar konkrete Ideen, die man in der Schule für jede Klasse einführen könnte:

- *Jedes Schulkind erhält ein Dankbarkeitstagebuch.*
- *Die erste Stunde am Montag beginnt in jeder Klasse mit einer Positivnachricht.*
- *Starten Sie auch Konferenzen mit einer achtsamen Minute und oder einer Reflexionsrunde dazu, was gerade gut läuft.*
- *Wenn möglich, gestalten Sie einen Raum zum Ruheraum um, in den sich die Kinder für Erholungspausen und um sich zu sammeln zurückziehen können.*
- *Binden Sie sonstige an Ihrer Schule tätige Kräfte, wie z. B. OGS-Mitarbeitende, Sozialpädagogen und Sonderpädagoginnen, ein, damit Ihre Ideen auch am Nachmittag und außerhalb Ihrer Fachstunden weitergeführt werden.*
- *Unterstützen Sie sich als Kollegium und beraten sich gegenseitig, wenn die Umsetzung eines Projektes mal nicht so gut funktioniert.*

Gemeinsam kommen bestimmt viele tolle Ideen zusammen und der Effekt für die Schulkinder wird umso größer, wenn Sie die Resilienzfaktoren nicht nur in einzelnen Fächern, sondern regelmäßig erleben.

Und wie mit allem im Leben: Wenn Resilienz in Ihrem Umfeld zu einer Routine wird, wird diese auch für Sie zur Routine und irgendwann kann Ihr Autopilot darauf zugreifen.

Bleiben Sie also dran und ermutigen Sie sich und andere, auch die Kompetenz *Resilienz* zu üben und zu stärken!

Auf Elternarbeit setzen

Für Ihre Schülerinnen und Schüler leisten Sie durch Ihr beispielgebendes Handeln sowie Ihre Impulse zur Stärkung der persönlichen Resilienz und auch der Ihrer Klasse einen großen Beitrag. *Resilienz* als wichtige Kompetenz im Schulalltag gewürdigt zu sehen und Zeit in ihren Aufbau zu investieren, wird bei Ihren Schülerinnen und Schülern einen Unterschied machen.

Dieser Unterschied ist umso größer, je weiter die Kreise Ihrer Arbeit reichen. Wie viel besser wäre es also, wenn Sie auch die Eltern und das häusliche Umfeld der Kinder ins Boot holen könnten. Informieren Sie Eltern, dass Sie sich mit der Kompetenz *Resilienz* im Unterricht befassen und was Sie damit erreichen wollen.

Sollte es an Ihrer Schule noch Elternsprechtage geben, regen Sie doch an, diese in *Beratungstage*, die gemeinsam mit dem Kind stattfinden, umzuändern. Schon das Signal an die Kinder, dass nicht über sie gesprochen wird, sondern mit ihnen, wird die Vertrauenskultur verändern.

Um die Eltern in die Übungen einzubinden, können Sie den Kindern ab und zu Hausaufgaben aufgeben, bei denen die Eltern mitmachen dürfen. Die Komplimenteübung, die Frage, wofür wir dankbar sein können und ein regelmäßiges Durchatmen eignen sich wunderbar, um sie gemeinsam mit den Eltern zu praktizieren und daraus ein Ritual zu machen.

Ganz wichtig ist der enge Austausch mit den Eltern. Wenn Ihnen Probleme auffallen, überlegen Sie doch gemeinsam mit den Eltern, wie die Resilienz des Kindes gestärkt werden kann und wie die Eltern ihren Kindern resilientes Verhalten vorleben können.

Zeigen Sie auf, welche Maßnahmen Sie in der Schule ergreifen und welche Übungen Sie mit den Schülerinnen und Schülern praktizieren. Laden Sie die Eltern ein, Übungen selbst auszuprobieren, ihre Kinder dabei zu unterstützen, zu Hause über die Thematik zu reflektieren und einen Transfer in den Alltag zu schaffen, z. B. mit einem Dankbarkeits-Tagebuch am Abend vor dem Zubettgehen. Beraten Sie Eltern, was sie tun können, um ihre Kinder zu unterstützen.

Tipps für akute Situationen

Resilienz als Kompetenz zu trainieren, ist etwas, wofür Sie Aufnahmefähigkeit und Ruhe benötigen. Die Übungen dienen vor allem einem: der Prophylaxe, in akut herausfordernden Situationen einen klaren Blick und eine gute Handlungsfähigkeit zu bewahren. Doch wie soll Ihnen das in kritischen Situationen helfen, wo Schülerinnen und Schüler unvermittelt in eine emotionale Ausnahmesituation geraten?

Wir Menschen haben in Stresssituationen nicht in ausreichendem Maße Zugang zu unseren kognitiven Fähigkeiten oder zu unserem kreativen Lösungsmodus. Stattdessen greifen wir im fokussierten Rahmen auf die Handlungsmuster zurück, die uns im Autopiloten zur Verfügung stehen, und nutzen die Ressourcen, über die wir uns bewusst sind, für eine Verbesserung der Situation. In diesem Modus ist es natürlich hilfreich, eine Handlungsoption oder eine einstudierte Praktik parat zu haben, die wir uns in der Zeit vorher angeeignet haben und uns nun auch im Repertoire der Hilfsoptionen zur Verfügung steht.

Allein das Wissen darum, dass in der Klasse Emotionen – positive wie negative – einen Platz haben, ist ein großes Zugeständnis an Schulkinder und Lehrkräfte.

Wenn es mal heiß hergeht und ein Schulkind krisenbedingt besonders auffällig wird, heißt das ganz konkret für Sie:

- Fragen Sie sich: Ist die Situation lebensbedrohlich? Kommt jemand zu Schaden und müssen Sie Hilfe organisieren? Dann kümmern Sie sich darum.
- Wenn das getan oder nicht notwendig ist, machen Sie das, was gerade an der Reihe und möglich ist. Versuchen Sie nicht, einem Plan zu folgen und die Situation sofort wieder gradezuziehen. Im Zweifelsfall gilt: Lernen ist in der Ausnahmesituation nicht möglich. Störungen haben Vorrang.
- Setzen Sie sich nicht unter Druck, dass Sie möglicherweise das Unterrichtsziel heute nicht erreichen, sondern erkennen Sie die Chance, den Kindern in der konkreten Situation bei der Entwicklung ihrer Resilienz zu helfen und sie emotional unbeschadet aus der Stunde zu entlassen.
- Lassen Sie dem Kind / den Kindern Zeit, die Emotionen vorüberziehen zu lassen. Bleiben Sie offen und verbunden, bis der Kontakt wiederhergestellt werden kann.
- Greifen Sie ggf. auf Vereinbarungen in der Klasse und Strategien zurück und bieten Sie dem Kind Unterstützung an, sich selbst zu regulieren.
- Bleiben Sie ruhig: Atmen Sie im Stressfall lieber tief, halten Sie inne, um sich dann bewusst für eine Reaktion zu entscheiden.
- Mit Einverständnis des Kindes können Sie konkrete Vorfälle (der Vergangenheit) für eine Reflexion mit der Klasse nutzen und verschiedene Handlungsszenarien durchspielen.
- Last but not least: Achten Sie aufmerksam darauf, wo Sie an Ihre persönlichen Grenzen stoßen. Suchen Sie fallbezogen Rat und Unterstützung im Kollegium, bei Schulpsychologinnen und -psychologen sowie Sozialarbeiterinnen und -arbeitern. Auch Sie sind nicht allein und dürfen Unterstützung in Anspruch nehmen.

Schlusswort

Wie schon angesprochen, leben wir in bewegten Zeiten. Die Lebensumstände auf der ganzen Welt verändern sich durch die Digitalisierung und durch die globale Vernetzung rasant. Das Wissen und die Informationsdichte vermehrt sich täglich. Herausforderungen – von der persönlichen Betroffenheit über Konflikte in Unternehmen und/oder Ländern bis hin zu weltumspannenden Krisen – sind gefühlt ein Begleiter unserer Zeit. Und so ist es auch an der Zeit, dies anzuerkennen und damit umzugehen. Das haben Sie hier und heute getan und wichtige Schritte unternommen, sich selbst zu stärken und auch andere dabei zu unterstützen.

Was uns neben all den Impulsen und Übungen, die wir Ihnen vermittelt haben, ganz besonders am Herzen liegt, sind diese Punkte:

- Sie sind ein Vorbild für Resilienz und Stressbewältigung: Seien Sie sich dieser Rolle stets bewusst und handeln Sie danach. Und eines gilt dabei immer: Auch Sie sind nur ein Mensch, dem nicht immer alles gleich gut gelingt. Konnten Sie in einer Situation einmal nicht *vorbildlich* handeln, so ist es natürlich und authentisch, dies offenzulegen und als persönliches Lernfeld zu reflektieren und darzulegen.
- Begegnen Sie allen Menschen in Belastungssituationen mit Verständnis: Herausforderungs- und Stressempfinden ist sehr individuell, basiert auf persönlicher Erfahrung und Bewertung und folgt keinem Rezept. So gibt es gute und schlechte Tage. Am besten unterstützen Sie Menschen – auch sich selbst – in akuten Belastungssituationen, indem Sie genau das anerkennen.
- Das Gehirn ist neuroplastisch. Das bedeutet, dass das Gehirn sich durch Erfahrungen ein Leben lang verändern kann (vgl. Jähnke, 2013). Durch Übung kann jede Person lernen, konstruktiv mit Krisen umzugehen. Es ist nie zu spät, sich auf den Weg zu machen. Wenn wir uns bewusst machen, dass die aktive Beschäftigung mit einem wichtigen Thema ihren Beitrag leistet, wird unser Gehirn uns dabei gute Dienste leisten. Die bewusste Entscheidung ist der Schlüssel.
- Vor allem anderen aber: Achten Sie auf sich und stärken Sie sich selbst. Im Flugzeug lernen Sie, dass Sie die Sauerstoffmaske zuerst bei sich selbst anlegen müssen, bevor Sie anderen helfen. Übertragen Sie diese Strategie auf Ihren Alltag: Wenn es Ihnen nicht gelingt, für sich selbst zu sorgen, sind Sie auch für andere Menschen (und mitreisende Kinder) keine Hilfe. Kümmern Sie sich zunächst um Ihre emotionale und körperliche Verfassung, um dann über ausreichend Achtsamkeit, Energie und sonstige Ressourcen zu verfügen, um anderen beiseitezustehen. Vielen Dank, dass Sie sich um sich kümmern. Ihr Beitrag zählt. Sie machen einen Unterschied, schon heute! Gutes Gelingen und viel Freude beim Inspirieren und Ausprobieren.

Übungen für den Schulalltag

Fantasiereise

Zielsetzung:

Verbundenheit und Achtsamkeit

Warum diese Übung?

Die Fantasiereise ist eine Einladung, die eigenen Gedanken in eine friedliche, entspannende und/oder kreative Welt zu lenken. Die folgende Fantasiereise stellt ein Angebot dar, variieren Sie diese gerne regelmäßig, um den verschiedenen Interessen Ihrer Schulkinder gerecht zu werden. Die Fantasiereise kann zu jeder Tageszeit eine wertvolle achtsame Pause oder Einstimmung auf einen neuen Abschnitt darstellen. Am besten genießt man sie auf einer weichen Unterlage, z. B. Turn- oder Yogamatte, und auf dem Rücken liegend. Sanfte Meditationsmusik kann die Reisebegleitung untermalen. Achten Sie beim Vorlesen auf einen entspannten Rhythmus mit großzügigen Pausen.

Gut zu wissen!

Am besten praktizieren Sie die Fantasiereise mit Ihren Schülerinnen und Schülern in einer neutralen Gemütsverfassung. Um die Methode zu erleben, wählen Sie zum Durchführen ein geräusch-/reizarmes Umfeld. Das Schließen der Augen hilft in Achtsamkeitsübungen, den Fokus bei sich zu halten. Ermutigen Sie Ihre Schulkinder dazu, dies auszuprobieren. Wenn einige Kinder ihre Augen nicht schließen wollen, schlagen sie diesen vor, einen Punkt wenige Meter vor sich am Boden zu fixieren.

Wie in jeder Achtsamkeitsübung gibt es kein Richtig oder Falsch. Viele Menschen haben das Gefühl, dass sie nicht erfolgreich waren, wenn sie während der Übung oft an etwas anderes gedacht haben. Nehmen Sie den Kindern diese Bedenken. Sich darüber bewusst zu sein, wie oft die Gedanken abwandern, ist wichtiger Bestandteil dieser Übung und trainiert die Selbstwahrnehmung.

Und nach der Übung?

Reflektieren Sie mit den Schulkindern:
Wie hast du die Fantasiereise erlebt? Was fiel dir leicht? Was fiel dir schwer?

Übungen für den Schulalltag – Akzeptanz: Fantasiereise I

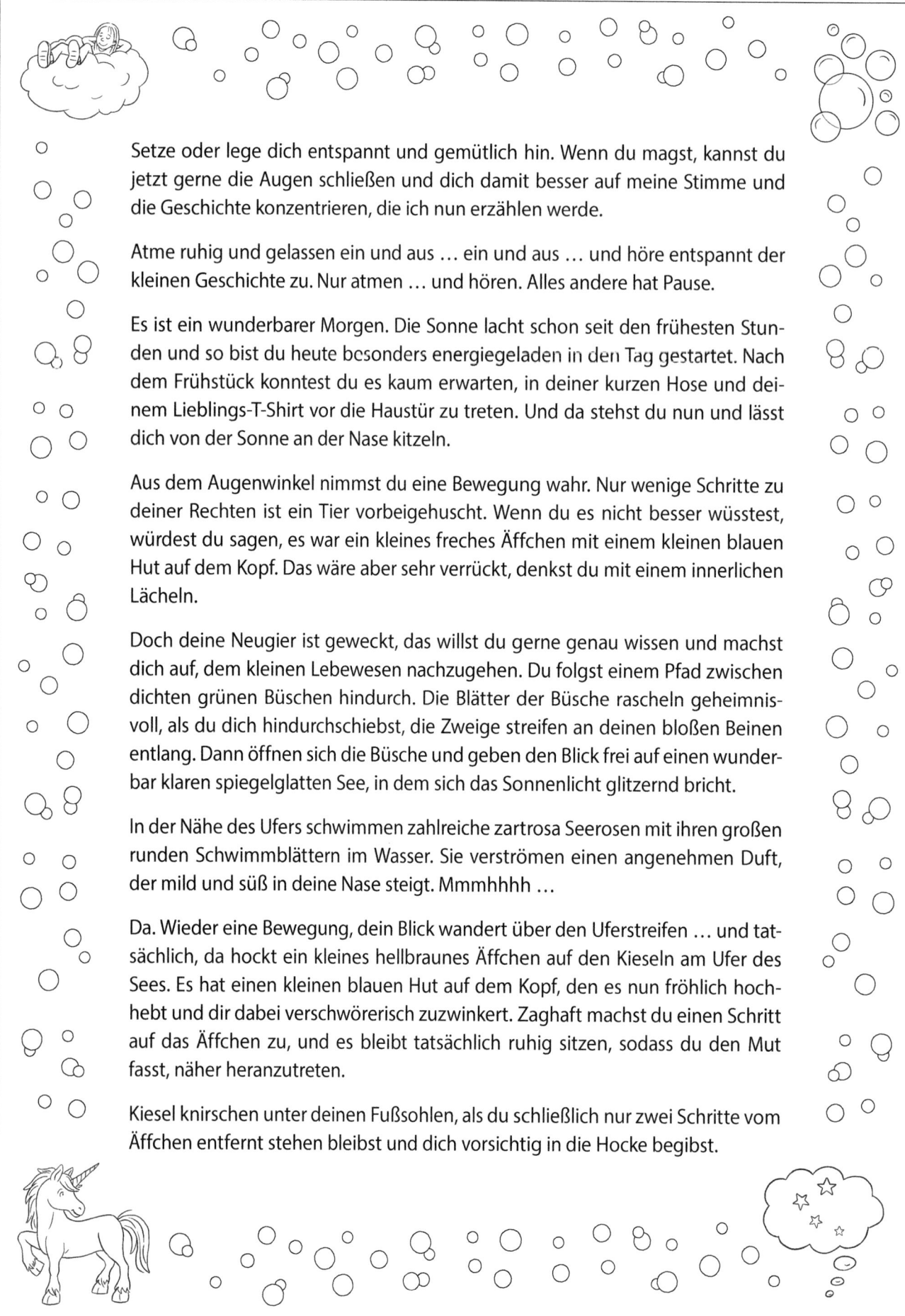

Setze oder lege dich entspannt und gemütlich hin. Wenn du magst, kannst du jetzt gerne die Augen schließen und dich damit besser auf meine Stimme und die Geschichte konzentrieren, die ich nun erzählen werde.

Atme ruhig und gelassen ein und aus … ein und aus … und höre entspannt der kleinen Geschichte zu. Nur atmen … und hören. Alles andere hat Pause.

Es ist ein wunderbarer Morgen. Die Sonne lacht schon seit den frühesten Stunden und so bist du heute besonders energiegeladen in den Tag gestartet. Nach dem Frühstück konntest du es kaum erwarten, in deiner kurzen Hose und deinem Lieblings-T-Shirt vor die Haustür zu treten. Und da stehst du nun und lässt dich von der Sonne an der Nase kitzeln.

Aus dem Augenwinkel nimmst du eine Bewegung wahr. Nur wenige Schritte zu deiner Rechten ist ein Tier vorbeigehuscht. Wenn du es nicht besser wüsstest, würdest du sagen, es war ein kleines freches Äffchen mit einem kleinen blauen Hut auf dem Kopf. Das wäre aber sehr verrückt, denkst du mit einem innerlichen Lächeln.

Doch deine Neugier ist geweckt, das willst du gerne genau wissen und machst dich auf, dem kleinen Lebewesen nachzugehen. Du folgst einem Pfad zwischen dichten grünen Büschen hindurch. Die Blätter der Büsche rascheln geheimnisvoll, als du dich hindurchschiebst, die Zweige streifen an deinen bloßen Beinen entlang. Dann öffnen sich die Büsche und geben den Blick frei auf einen wunderbar klaren spiegelglatten See, in dem sich das Sonnenlicht glitzernd bricht.

In der Nähe des Ufers schwimmen zahlreiche zartrosa Seerosen mit ihren großen runden Schwimmblättern im Wasser. Sie verströmen einen angenehmen Duft, der mild und süß in deine Nase steigt. Mmmhhh …

Da. Wieder eine Bewegung, dein Blick wandert über den Uferstreifen … und tatsächlich, da hockt ein kleines hellbraunes Äffchen auf den Kieseln am Ufer des Sees. Es hat einen kleinen blauen Hut auf dem Kopf, den es nun fröhlich hochhebt und dir dabei verschwörerisch zuzwinkert. Zaghaft machst du einen Schritt auf das Äffchen zu, und es bleibt tatsächlich ruhig sitzen, sodass du den Mut fasst, näher heranzutreten.

Kiesel knirschen unter deinen Fußsohlen, als du schließlich nur zwei Schritte vom Äffchen entfernt stehen bleibst und dich vorsichtig in die Hocke begibst.

Die aufmerksamen Augen des Äffchens verfolgen dich. Es legt den Kopf leicht schräg und – wüsstest du es nicht besser – hat den Anflug eines Lächelns um seine Mundwinkel. Ganz automatisch musst auch du deine Mundwinkel heben. Zu putzig ist der kleine Geselle mit dem blauen Hut.

Dann nimmt das kleine Wesen in einer geschmeidigen Bewegung seinen Hut vom Kopf und greift mit der freien Hand in das sorgsam mit dunklem Samt ausgeschlagene Innere. Hervor zieht es eine kleine Schriftrolle, die mit einem prächtigen roten Wachssiegel verschlossen ist. Du schaust überrascht, als die kleine Affenhand mit der Rolle sich dir entgegenstreckt und dir die Rolle überreicht. Mit einem sanften Kopfnicken greifst du nach der Rolle und bewunderst fasziniert das rote Siegel. Da. In einer plötzlichen Bewegung dreht sich das Äffchen um und huscht davon, noch ehe du ihm Danke sagen kannst oder wahrnehmen kannst, zwischen welchen Büschen es verschwindet. Achselzuckend erhebst du dich und beschließt, die Schriftrolle zu öffnen. Das Papier ist rau und vergilbt, aber die Worte, die dich im Inneren der Rolle erwarten, sind außergewöhnlich klar und deutlich zu lesen: ALLES IST GUT! steht dort in einer schnörkeligen Handschrift. ALLES … IST … GUT!

Und tatsächlich: in deinem Bauch breitet sich langsam ein warmes Gefühl aus. Erst ganz angenehm in deinem Bauchraum. Es breitet sich vom unteren Bauchraum aus in deinen Po und deine Oberschenkel … und zieht weiter hinab über deine Waden zu deinen Füßen … dann klettert es auch vom Bauch aus langsam empor zu deiner Brust … strahlt in deine Schultern und Arme … deine Hände … bis zu den Fingerspitzen … erreicht deinen Nacken … dein Kinn … deinen Mund und Nase … deine Stirn und Augen …

Wohlig schließt du die Augen für einen Moment und spürst der Wärmeausbreitung in deinem ganzen Körper nach. So wohlig. So angenehm. So fühlt es sich an, wenn ALLES GUT IST.

Du beschließt, dass es nun Zeit wird, umzukehren und wieder nach Hause zu gehen. Ob dort wohl jemand ist, dem du diese unglaubliche Geschichte erzählen kannst? Mit der Schriftrolle in deiner Hand drehst du dich um und machst dich auf den knirschenden Kieseln auf den Heimweg.

Auch für dich wird es Zeit zurückzukommen. Wenn du magst, strecke dich etwas, kreise deine Hand- und Fußgelenke, atme tief ein und aus. Dann öffne die Augen und wenn du soweit bist, setze dich hin.

Journaling

Zielsetzung:
Akzeptanz, sich Sorgen *von der Seele schreiben*

Warum diese Übung?

Beim Besprechen von Sorgen und Problemen erleben wir oft das Phänomen des sich erneuten emotionalen Hineinsteigerns in eine Thematik. *Journaling* hingegen ist eine geeignete Methode, um belastende Gedanken schreibend loszulassen und um sich über seine Ziele und Wünsche bewusst zu werden.

Die Kinder haben ca. fünf bis zehn Minuten Zeit, ihre Gedanken auf Papier zu bringen. Themen könnten sein: *Was hat dich heute ganz besonders geärgert? Was hat dir in dieser bestimmten Situation Angst gemacht? Worauf freust du dich in den Sommerferien am meisten? Was machst du ganz besonders gerne?* Am besten bleibt der Stift auch in Gedankenpausen auf dem Papier. Es können dabei auch Formen gemalt werden, solange der *Fluss* nicht unterbrochen wird. Machen Sie am besten zu Beginn der Übung klar, dass das Ergebnis nur für das Kind selbst bestimmt ist. Nach der vereinbarten Zeit wird das Schreiben beendet, das Werk kann dann sicher aufbewahrt (z. B. Wünsche) oder vernichtet (z. B. Sorgen oder Ängste) werden. Vielen Kindern hilft auch der bewusste Prozess, das Papier zu zerknüllen oder zu zerreißen und dann wegzuschmeißen. Es symbolisiert noch einmal das Loslassen des Ballasts.

Gut zu wissen!

Sie können auch eine positive Frage zur Zukunft stellen, die die Schulkinder auf dem Papier beantworten können. Die Idee ist, dass die Kinder ihre Gedanken durch den Stift auf ein Blatt Papier fließen lassen.

Und nach der Übung?

Reflektieren Sie mit den Schulkindern:
Wie hast du das Journaling erlebt? Fiel es dir leicht oder schwer, deine Gedanken auf Papier zu bringen? Wie fühlst du dich nach dem Journaling?

Übungen für den Schulalltag – Fokus

Was war heute gut? – 3 good things

Zielsetzung:

Fokus

Warum diese Übung?

Mit der konkreten Frage nach dem, was heute gut war, wird der Fokus der Schulkinder bewusst auf die positiven Dinge, die uns umgeben, gelenkt. Es kann sein, dass den Kindern zunächst wenige Dinge einfallen. Wenn die Kinder es sich öfter, z. B. jeden Abend vor dem Schlafen, vornehmen, drei positive Dinge bewusst zu erinnern und zu notieren, werden sie mit einem guten Gefühl einschlafen. Außerdem wird es ihnen schon nach wenigen Tagen viel leichter fallen, positive Dinge bereits am Tag zu entdecken und abzuspeichern. Daran zeigt sich, wie man das Gehirn trainieren und den Filter der Wahrnehmung besser ausrichten kann.

Gut zu wissen!

Die Einsatzmöglichkeiten der Übung sind vielfältig. Sie können z. B. starten, die Schülerinnen und Schüler danach zu befragen, was am heutigen Unterrichtstag oder in der zurückliegenden Stunde Gutes passiert ist. Sie können die Fragestellung auch leicht abwandeln und den Rahmen erweitern in ein *Wofür bist du (heute) dankbar?*

Und nach der Übung?

Reflektieren Sie mit den Schulkindern:
Fiel es dir schwer, drei gute Dinge zu finden? Wenn ja, warum?
Wofür könnte dir die Übung helfen?

Übungen für den Schulalltag – Fokus

Die warme Dusche

Zielsetzung:

Fokus und Verbundenheit

Warum diese Übung?

Diese Übung kann eine schöne aktivierende Gruppenübung im Rahmen eines Projekttages oder im Nachgang eines Ausflugs / einer Klassenfahrt sein.

Alle Kinder erhalten ein leeres weißes DIN-A4-Blatt mit Kreppband auf den Rücken befestigt und einen Filzstift oder einen anderen dickeren Stift. Stimmen Sie die Kinder darauf ein, dass sie für möglichst viele Mitschülerinnen und Mitschüler eine Botschaft auf den Rücken schreiben sollen. Ermutigen Sie sie dazu, auch für Kinder, mit denen sie nicht so enge Beziehungen pflegen, eine Botschaft zu formulieren. Die Fragestellung bestimmen Sie zuvor oder lassen die Kinder mitabstimmen: *Darin bist du richtig gut …*, *Was ich an dir schätze, ist …*, *Deine besondere Stärke ist …*, *Was ich an dir mag …* Lassen Sie je nach Gruppengröße ca. 10 bis 20 Minuten Musik laufen. Währenddessen laufen die Schülerinnen und Schüler durch den Raum, treffen sich und schreiben sich gegenseitig Botschaften auf den Rücken. Wenn Sie die Musik ausmachen, setzen sich die Kinder wieder auf ihre Plätze. Dann folgt der Moment der positiven Überraschungen, wenn alle gleichzeitig ihren Zettel vom Rücken abnehmen und durchlesen.

Gut zu wissen!

Achten Sie bitte darauf, dass alle Kinder beim Beschreiben der Papiere berücksichtigt werden und die Botschaften der Fragestellung gemäß passend sind. Im Zweifel besprechen Sie unangemessene Kommentare bereits im Voraus, etwa dass *Was ich an dir schätze, ist, dass du mich nicht mehr so nervst* keine geeignete Botschaft darstellt und was man stattdessen schreiben könnte. Achten Sie auch darauf, dass die Stifte nicht durchdrücken, damit es am Ende keine beschmierten T-Shirts gibt.

Und nach der Übung?

Reflektieren Sie mit den Schulkindern:
Wie leicht/schwer fiel es dir, positive Botschaften für die anderen zu finden?
Wie ging es dir, als du deinen Zettel abgenommen und durchgelesen hast?
Würdest du diese Übung gerne noch mal machen? Warum?

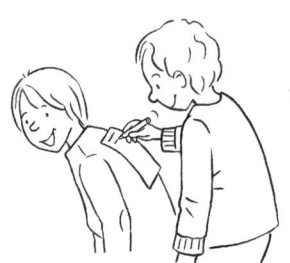

Übungen für den Schulalltag – Fokus

Das Stärkenfeedback

Zielsetzung:
Fokus und Verbundenheit

Warum diese Übung?

Die Methode kann gut als paarweise Übung zwischen Kindern eingesetzt werden, wenn Sie sich im Unterricht mit Fragen zur persönlichen Haltung, wie z. B. *Wie sehe ich die Welt? Was ist mir wichtig? Worin bin ich gut?*, beschäftigen.

Die Kinder dürfen sich für die Übung auf eine Tapetenrolle legen und sich gegenseitig ihre Umrisse zeichnen. Jedes Kind bekommt dann etwas Zeit, sich noch *zu verschönern* und typische Kleidung, ein Gesicht etc. zu malen. Dann darf jedes Kind seinen Namen und drei Dinge, die ihm besonders großen Spaß machen, auf das Plakat schreiben. Die Tapeten werden dann so aufgehängt oder ausgelegt, dass alle drankommen. Nun laufen die Kinder herum und dürfen auf die Tapeten der anderen Kinder die Stärken aufschreiben, die ihnen aufgefallen sind. Zum Schluss geht die Klasse von Bild zu Bild, schaut sich die Kunstwerke an und klärt offene Fragen.

Gut zu wissen!

Schon in der Schule schauen Erwachsene und Kinder eher auf die Fächer, in denen sie nicht so gut sind, und vermitteln bzw. bekommen z. B. Nachhilfe in Mathe statt Förderung in Kunst. Dies hat eine große Auswirkung auf das Unterbewusstsein des Kindes, denn die Botschaft, die es bekommt, lautet: *Du bist in einigen Feldern nicht gut genug.* Lernen die Kinder, den Blick zuerst auf das zu richten, was sie gut können, stehen die Chancen gut, dass sie darin große Erfolge erzielen!

Und nach der Übung?

Reflektieren Sie mit den Schulkindern:

Fiel es dir leicht/schwer dein Stärkenbild auszufüllen? Warum?
Wie war es für dich ein Stärkenfeedback zu geben? Warum?
Wie war es für dich ein Stärkenfeedback zu bekommen? Warum?

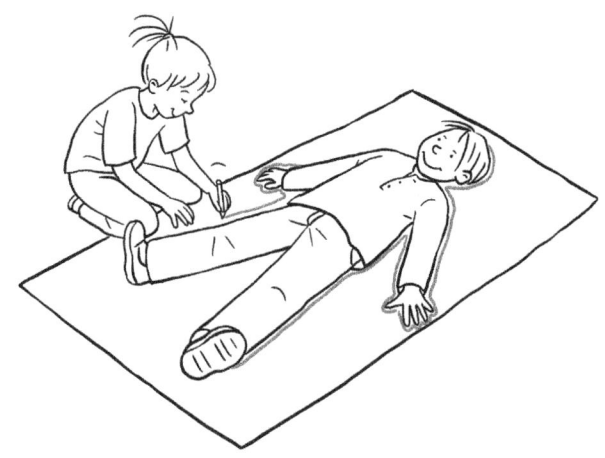

Übungen für den Schulalltag – Selbstwirksamkeit

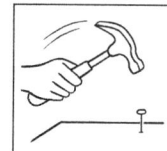

Unsere Vereinbarungen als Klasse

Zielsetzung:
Selbstwirksamkeit

Warum diese Übung?

Um sich in schwierigen Situationen als *selbstwirksam* zu erleben, können mit der Klasse Vereinbarungen für Verhaltensweisen in bestimmten Situationen aufgestellt werden. Dabei kann es sich anbieten, auf zurückliegende herausfordernde Situationen zu schauen sowie die eingeschlagenen Lösungs-/Konfliktstrategien einzubeziehen, um eine Vereinbarung für die Zukunft zu treffen. Lassen Sie sich auf die kreativen Ideen der Kinder ein, z. B.:

- *Wenn ich Angst habe, darf ich mir das Klassenkuscheltier holen und mich in die Relax-Ecke zurückziehen.*
- *Wenn ich wütend bin, darf ich das Klassenzimmer verlassen, eine Runde um die Schule laufen und dann wieder hereinkommen.*
- *Wenn ich traurig bin, darf ich mit einer Mitschülerin oder einem Mitschüler einen kurzen Spaziergang machen und mich mit ihr oder ihm austauschen.*
- *Wenn ich mich überfordert fühle, darf ich den Kopf auf den Tisch legen und ihn mit den Armen bedecken. Dann wird die Lehrkraft so schnell wie möglich zu mir kommen.*
- *Wenn ich ungeduldig bin, darf ich die Augen schließen und eine Atemmeditation machen.*

Notieren Sie die erarbeiteten Vereinbarungen gut lesbar und verteilen sie diese im Klassenraum. Hilfreich sind diese *Vereinbarungen* nur, wenn sie regelmäßig überprüft, reflektiert und bei Bedarf auch angepasst werden.

Und nach der Übung?

Reflektieren Sie mit den Schulkindern:
Was hältst du von den neuen Vereinbarungen? Warum? Wie kann man diese auch in der eigenen Freizeit anwenden? Warum, glaubt ihr, haben wir solche Vereinbarungen aufgestellt?

Random Acts of Kindness

Zielsetzung:

Selbstwirksamkeit, Verbundenheit, zufällig Freude verbreiten

Warum diese Übung?

Allein das Ausführen der guten Tat ist ein Beitrag, die Welt ein bisschen freundlicher zu machen. Der Kreativität sind dabei keine Grenzen gesetzt! Die Ausführung ist im Rahmen eines Projekttages oder einer Themenreihe, wie *Die Welt verbessern* und/oder *Glück*, sehr geeignet.

Laden Sie Ihre Klasse ein, sich zufällige Freundlichkeitstaten zu überlegen und auszuführen. Das kann eine Guerilla-Aktion in der Schule sein, in deren Rahmen man die Klassenräume von Nachbarklassen verschönert. Auch Post-its mit freundlichen Botschaften oder fröhlichen Smileys an den Spiegeln der Schulwaschräume sind denkbar. Aktivitäten auf der Straße, in Altenheimen, in Kindergärten und/oder im eigenen Zuhause stellen eine Erweiterung und einen Blick über den Schulhof dar.

Gut zu wissen!

Zentrales Element ist, jemandem Wildfremden einen Gefallen zu tun, diesen Moment gar nicht mitzuerleben und die beschenkte Person nicht wissen zu lassen, wer die Gönnerin / der Gönner ist. Das Ganze erfolgt dann automatisch ohne die Erwartung einer Gegenleistung.

Und nach der Übung?

Reflektieren Sie mit den Schulkindern:
Wie ging es dir beim Ausüben deiner zufälligen Freundlichkeitstat?
Was glaubst du, wie war das für denjenigen/diejenige überrascht zu werden?
Was könnte im Nachhinein passiert sein?
Was ist für dich durch diese Übung anders?

Übungen für den Schulalltag – Selbstwirksamkeit

Die *Stop-Complaining-Challenge*

Zielsetzung:

Selbstwirksamkeit

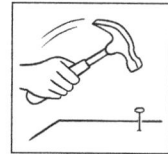

Warum diese Übung?

Es geht bei dieser Übung im Kern zunächst um das Schaffen von Bewusstsein und einer aktiven Wahrnehmung des eigenen Verhaltens. Das tatsächliche Bewältigen der Herausforderung ist vor diesem Hintergrund ein sekundäres Ziel und auch gar nicht so einfach: Es dauert bei den meisten Teilnehmenden im Schnitt vier Monate, bis diese die Challenge meistern.

Für die Übung benötigen die Kinder ein flexibles Armband. Eine Einleitung in die Übung könnte wie folgt lauten:

Wir beginnen mit einer Übung, die 21 Tage lang dauern wird. Trage dafür ein Armband. Erwischst du dich beim Beschweren oder Lästern, wechsle das Armband zum anderen Handgelenk und beginne die 21-Tage-Rechnung von vorne. Konstruktive und lösungsorientierte Kritik ist ausdrücklich erlaubt! Wechsle das Armband auch dann, wenn du jemand anderen darauf aufmerksam machst, dass er sich beschwert oder gelästert hat. Es ist Teil der Übung, andere NICHT bei ihrer Ausführung der Übung zu bewerten.

Auch im Kollegium ist diese Übung umsetzbar.

Gut zu wissen!

Diese Challenge ist eher für Kinder ab der 4. Klasse zu empfehlen, weil jüngere Kinder den Unterschied zwischen Jammern und konstruktiver Kritik noch nicht kennen können. Es ist außerdem darauf zu achten, dass die Kinder nicht den Eindruck bekommen, dass ihnen der Mund verboten wird oder jemand sich ihre Sorgen nicht anhören möchte.

Und nach der Übung?

Reflektieren Sie mit den Schulkindern:
In welchen Situationen fällt es dir leichter/schwerer, dich nicht zu beschweren?
Inwiefern hat sich deine Wahrnehmung des Umfeldes durch die Übung geändert?
Inwiefern hilft dir das Armband, dich an deine Herausforderungen zu erinnern?
Was könnte dir darüber hinaus helfen, die Challenge durchzuhalten?
Was würde sich dadurch ändern?

4-4-8 Meditation

Zielsetzung:

Verbundenheit, Achtsamkeit, Stressbewältigung

Warum diese Übung?

In akuten Stresssituationen kann es helfen, über die bewusste Steuerung des Atems seinen Körper zu beruhigen. Die Atemfrequenz mit regulärem Einatmen und Halten bei doppelt so langem Ausatmen signalisiert dabei, alles ist in Ordnung, es droht keine Gefahr. Durch ein aktives Üben dieser Atemübung und -steuerung erhalten Sie selbst und Ihre Schülerinnen und Schüler eine wertvolle Methode, sich selbst zu regulieren und zu schützen.

Gut zu wissen!

Am besten praktizieren Sie die folgende Meditation mit Ihren Schülerinnen und Schülern in einer neutralen Gemütsverfassung – als Angebot zum Ausprobieren, um die Methode an sich zu erleben und für eine mögliche Stresssituation darauf zurückgreifen zu können. Wählen Sie zum Durchführen der folgenden Meditation ein geräusch-/reizarmes Umfeld. Das Schließen der Augen hilft, in Achtsamkeitsübungen den Fokus bei sich zu halten. Ermutigen Sie Ihre Schulkinder dazu, dies auszuprobieren. Wenn einige Kinder ihre Augen nicht schließen wollen, schlagen sie diesen vor, einen Punkt wenige Meter vor sich am Boden zu fixieren.

Wie in jeder Achtsamkeitsübung gibt es kein Richtig oder Falsch. Viele Menschen haben das Gefühl, dass sie nicht erfolgreich waren, wenn sie während der Übung oft an etwas anderes gedacht haben. Nehmen Sie den Kindern diese Bedenken. Sich darüber bewusst zu sein, wie oft die Gedanken abwandern, ist wichtiger Bestandteil dieser Übung und trainiert die Selbstwahrnehmung.

Und nach der Übung?

Reflektieren Sie mit den Schulkindern:
Wie hast du die Atemübung erlebt? Was fiel dir leicht? Was war schwer?
Wie fühlt sich dein Körper jetzt an? Wann könnte dir das helfen?

Ermutigen Sie Ihre Schulkinder, die Atemübung auch selbst z.B. am Abend vor dem Einschlafen auszuprobieren und ihre Wirkung entfalten zu lassen.

Übungen für den Schulalltag – Verbundenheit: Meditation I

Setze dich ganz entspannt hin. Wenn du eine Position gefunden hast, in der du dich wohlfühlst, schließe deine Augen und richte deine Aufmerksamkeit auf deinen Atem.

Spüre in dich hinein, wie der Atem einströmt, und spüre, wie der Atem wieder ausströmt.

Atme ein und beobachte deinen Atem.
Atme aus und entspanne dich.
Atme ein und nimm dich wahr.
Atme wieder aus und entspanne dich.

Nimm jetzt einmal wahr, wo du deinen Atem in deinem Körper spürst.
Nimm die Bewegungen in deinem Bauch wahr und spüre, wie sich deine Bauchdecke hebt, wenn du einatmest, und wieder senkt, wenn du ausatmest.

Beobachte deine Atmung, bewerte diese nicht.
So wie du es machst, machst du es richtig.

Und immer, wenn du merkst, dass du mit deinen Gedanken irgendwo anders hinwanderst, dann hole deine Aufmerksamkeit wieder zurück zu deinem Atem.
Sei geduldig mit dir.

Beginne nun, innerlich beim nächsten Einatmen bis vier zu zählen,
halte dann die Luft an und zähle dabei wieder bis vier.
Dann atme aus und zähle dabei bis acht.

Finde ein Zähltempo, das sich für dich gut und stimmig anfühlt, und wiederhole die Übung einige Male in deinem Tempo.

Einatmen, halten und ausatmen.
Einatmen bis vier, halten bis vier und ausatmen bis acht.

Nach dem nächsten Ausatmen beendest du das Zählen und findest wieder zu deinem normalen natürlichen Atemrhythmus zurück.
Lass den Atem einfach kommen und gehen, ohne ihn zu beeinflussen.

Übungen für den Schulalltag – Verbundenheit: Meditation II

Beobachte jetzt einmal, wie sich dein Atem nun anfühlt.
Hat sich etwas verändert?
Ist dein Atem vielleicht ruhiger geworden, oder tiefer?
Atme weiter ein und aus und entspanne dich dabei.

Genieße nun noch einmal einen besonders tiefen Atemzug und dann mach dich langsam bereit, diese Übung zu beenden.

Wenn du möchtest, dann bewege mal deine Finger, deine Fußspitzen, und wenn du so weit bist, dann öffne deine Augen.

Übungen für den Schulalltag – Verbundenheit

Achtsames Essen

Zielsetzung:

Akzeptanz, Verbundenheit und Wohlbefinden

Warum diese Übungen?

Laden Sie Ihre Klasse ein, sich mit Achtsamkeit zu beschäftigen.

Eine gelungene Einstiegsübung kann das achtsame Essen eines Stücks Schokolade sein. Bereits beim Auspacken der Schokoladentafel und ggf. beim Brechen der Tafel in Stücke gibt es allerlei Geräusche wahrzunehmen, das Knistern des Papiers, das Knacken der Schokolade beim Brechen. Sie können wie folgt vorgehen:

- Verteilen Sie die Stücke auf kleinen Tellern oder Servietten und nehmen Sie sich dann mit Ihrer Klasse Zeit, das Schokoladenstück zu betrachten, die Farbe, die Form, ggf. den Aufdruck oder abgefallene Krümel.
- Führen Sie die Schokolade zur Nase und nehmen Sie den Geruch wahr. *Läuft* ihnen vielleicht schon *das Wasser im Munde zusammen?*
- Nehmen Sie das Stück achtsam in den Mund und spüren Sie dem Schmelzen der Schokolade auf der Zunge nach und/oder dem Zermalmen durch die Zähne.
- Achten Sie besonders auf den Geschmack, die Süße, den Kakao, das Milchige.
- Spüren Sie nach, wie lange der Geschmack anhält. Was fällt Ihnen noch auf?

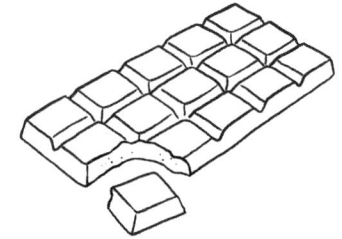

Auch können Sie mit Ihrer Klasse ein achtsames Frühstück machen: Wenn es in der Klasse sowieso üblich ist, gemeinsam zu frühstücken, bietet es sich an, *achtsam* zu frühstücken? Das kann z. B. in Stille passieren oder aber besonders langsam.

Gut zu wissen!

Achtsamkeit ist mehr als Meditation. Achtsamkeit ist im Kern eine Möglichkeit, im Hier und Jetzt zu sein, seine physische und emotionale derzeitige Situation wahrzunehmen, ohne diesen Zustand zu bewerten. Achtsamkeit kann auf viele Weisen praktiziert werden: *Achtsames Atmen, BodyScan, Achtsames Gehen*, wobei man bewusst z. B. auf das Abrollen der Füße achtet, und/ oder ein *bewusster Naturspaziergang*, bei dem man die Natur mit allen Sinnen bewusst wahrnimmt und ihr besondere Aufmerksamkeit schenkt.

Und nach der Übung?

Reflektieren Sie mit den Schulkindern: *Wie ging es euch während des achtsamen Essens? Was fiel euch leicht/ schwer? Was ist durch die Übung anders als vorher?*
In welchen Situationen bist du besonders achtsam? In welchen Situationen bemerkst du, dass du nicht achtsam bist?

Meine Emotionen und ich

Zielsetzung:
Verbundenheit, Akzeptanz, die Auseinandersetzung und der Umgang mit den eigenen Gefühlen

Warum diese Übung?

Gefühle sind ein wesentlicher Bestandteil des Menschseins. Gefühle sind in jeder Sekunde in uns und geben uns wertvolle Hinweise für unsere mentale Verfassung. Nur wer lernt, seine Gefühle wahrzunehmen und auch anzunehmen, kann sich diese Erkenntnisse auch zunutze machen. Lassen Sie Ihre Schülerinnen und Schüler zunächst Beispiele für Gefühle nennen, um sich dem Thema zu nähern. Klären Sie mit der Gruppe, in welchen Situationen es zum Erleben dieser Gefühle kommt und wie es aussieht, wenn jemand dieses Gefühl erlebt. Gerne kann dies auch darstellerisch unterstützt werden. Dabei müssen sich die Kinder nicht auf eine Emotion festlegen. In vielen Situationen sind mehrere Gefühle mit im Spiel.

Negative Gefühle können ein Indikator für ein nicht erfülltes Bedürfnis sein. Entwerfen Sie mit den Schülerinnen und Schülern Beispielsituationen, um …

… zu diskutieren, welche Bedürfnisse möglicherweise dahinterstecken könnten.

… und lassen Sie die Kinder überlegen, was in der jeweiligen Situation wohl helfen würde, um die Gefühlswallung abklingen zu lassen. Nutzen Sie hierfür die Bildkarten im Anhang.

Gut zu wissen!
Sich mit der Welt der Gefühle zu befassen, bedarf eines konkreten verabredeten Zeitraums, am besten sogar eine kleine Reihe von Terminen, z. B. an drei bis vier Donnerstagen die ersten beiden Schulstunden.

Und nach der Übung?

Reflektieren Sie mit den Schulkindern:
Wie fühlst du dich gerade? Erinnere dich an eine Situation, in der du Wut, Trauer, Angst empfunden hast. Wie war es in der Situation für dich? Was hat dir geholfen, die Wut, Trauer, Angst zu überwinden? Wie war es für dich, über Gefühle zu sprechen? Was fiel dir schwer/leicht? Was wird durch die Übung „Gefühle erkennen und benennen" anders?

Übungen für den Schulalltag – Verbundenheit

Die geheime Freundin / Der geheime Freund

Zielsetzung:

Verbundenheit, Fokus

Warum diese Übung?

Für diese Übung bedarf es einer verabredeten Zeitspanne, z. B. eine Woche, zu der man sich einstimmend und auch zum Abschluss wieder im Klassenverbund trifft – also z. B. eine Gemeinschaftsstunde der Klasse.

Ein Kind erhält per Losverfahren ein Partnerkind zugeteilt und wird für den vereinbarten Zeitraum zur *geheimen Freundin* bzw. zum *geheimen Freund* dieser Person. Dabei darf es niemandem dessen Namen verraten. Im Laufe der verabredeten Zeit ist es die Aufgabe der *geheimen Freundin* bzw. des *geheimen Freundes*, dem Partnerkind gegenüber besonders zuvorkommend und hilfsbereit zu sein und möglichst ungesehen kleine nette Aufmerksamkeiten und/oder Gefallen zu erweisen. Das Partnerkind erlebt somit Aufmerksamkeiten und überraschende Ereignisse, ohne zu erfahren, wer dahintersteckt. Ziel ist es, das bewusste freundliche Handeln zu stärken und Ideen und Erfahrungen in der Ausübung freundlicher Gesten zu sammeln.

Gut zu wissen!

Achten Sie soweit möglich auf Ausgeglichenheit. Legen Sie z. B. vorher fest, ob gekaufte Geschenke erlaubt sind oder nicht, und besprechen Sie auch mit der Klasse den fairen Umgang untereinander: Jedes Kind für jedes Kind!

Und nach der Übung?

Reflektieren Sie mit den Schulkindern:

Wie ging es dir in der Rolle der geheimen Freundin / des geheimen Freundes? Was fiel dir leicht? Was fiel dir schwer?
Welche guten Taten hast du unternommen? Was wäre dir gerne früher eingefallen?
Wie ging es dir in der Rolle des Partnerkindes? Welche guten Taten hast du wahrgenommen?
Was vermutest du, wer dein geheimer Freund war? Bist du überrascht?
Wie hast du deinen geheimen Freund erkannt?

Übungen für den Schulalltag – Verbundenheit

Sport im Schulalltag

Zielsetzung:

Verbundenheit, Wohlbefinden, Stressabbau

Warum Sport?

Sport und Bewegung sollten idealerweise täglich einen Platz im Schulalltag von Kindern haben. Kurze Bewegungssequenzen oder auch Geschicklichkeitsübungen regen nicht nur den Körper, sondern auch den Geist an und machen wach und aufmerksam für den Tag. Machen Sie sich bewusst, dass über Sport nicht nur Stresshormone abgebaut werden, sondern auch das Selbstwirksamkeitsempfinden und die Körperwahrnehmung gestärkt werden. Sie können auch mit den Kindern gemeinsame Vereinbarungen treffen, um mehr Sport in den Alltag zu integrieren. Hier eine beispielhafte Auflistung für mögliche Bewegungseinheiten:

- Lauf- und Fangspiele
- Dehnübungen (z. B. auch direkt an der Schulbank)
- Yoga
- Treppensteigen oder -hüpfen
- progressive Muskelentspannung
- Ballsport
- Koordinations- oder Jonglagesequenzen
- Tanzen

Gut zu wissen!

Sport wirkt wie ein Antidepressivum. Wenn Sie immer wieder Bewegungspausen in Ihren Schulalltag mit den Kindern integrieren, helfen Sie den Kindern nicht nur, ihre Konzentration zurückzuerlangen, Sie zeigen den Kindern gleichzeitig, wie wohltuend und ausgleichend Sport ist.

Und nach dem Sport?

Reflektieren Sie mit den Schulkindern:
Wer macht welchen Sport und warum? Was wird durch Sport möglich?
Wenn Sie Vereinbarungen getroffen haben: Reflektieren Sie gemeinsame Fortschritte.

Resilienzcheckliste

Diese Checkliste gibt Ihnen eine Übersicht, welche Routinen Sie zum Positiven verändern können, um alle Voraussetzungen für eine möglichst gute Resilienz zu erfüllen.

	JA	OFT	NEIN
Körper			
Ich trinke 1,5 Liter Wasser pro Tag.			
Ich esse jeden Tag Obst und Gemüse.			
Ich bin zwei- bis dreimal pro Woche körperlich aktiv.			
Ich schaffe 10.000 Schritte pro Tag.			
Geist			
Ich fühle mich motiviert und engagiert in meinem Job.			
Ich erledige meine wichtigsten Aufgaben zeitgerecht.			
Ich betrachte Herausforderungen bei der Arbeit als Entwicklungschancen.			
Ich lese oft Literatur zur Verbesserung meiner fachlichen Kompetenzen.			
Herz			
Es fällt mir leicht, meine Gefühle anderen gegenüber zu äußern.			
Ich feiere Erfolge bei der Arbeit.			
Ich teile und diskutiere meine Zielsetzung mit Freundinnen, Freunden, im Kollegium und/oder mit meiner Familie.			
Ich versuche, am Arbeitsplatz ein positives Klima zu schaffen.			
Seele			
Ich äußere oft meine Dankbarkeit.			
Ich nehme mir bewusst Zeit für meine persönliche Entwicklung.			
Ich empfinde meine Arbeit als sinnvoll und im Einklang mit meiner Zielsetzung.			
Ich reflektiere regelmäßig über mich selbst.			
Erholung			
Ich begrenze meine Zeit in sozialen Medien auf maximal eine Stunde pro Tag.			
Ich benutze im Schlafzimmer eine Stunde vor dem Schlafengehen keine elektronischen Geräte.			
Ich gehe spätestens um 23:00 Uhr ins Bett.			
Ich schalte im Urlaub komplett von der Arbeit ab.			

Gefühlskarten I

Gefühlskarten II

Gefühlskarten III

Gefühlskarten IV

Gefühlskarten V

Literaturverzeichnis

Bowen, W. (2013): Complaint free world. Harmony.

Duckworth, A. (2017): Grit: Why passion and resilience are the secrets to success. Vermilion.

Dweck, C. (2017): Selbstbild. Piper.

Dweck C. (2015): Carol Dweck Revisits the "Growth Mindset" (Opinion). Education Week. Veröffentlicht am September 23, 2015 unter https://www.edweek.org/leadership/opinion-carol-dweck-revisits-the-growth-mindset/2015/09.

Edmondson, A. (2018): The Fearless Organization: Creating Psychological Safety in the Workplace for Learning, Innovation, and Growth. Wiley.

Frankl, V. (2018): … trotzdem Ja zum Leben sagen: Ein Psychologe erlebt das Konzentrationslager. Penguin.

Heining, H. (2019): Glücksprinzipien. Mit dem fundierten Erkenntnisschatz der positiven Psychologie zu mehr Lebensfreude, Erfolg und einem gelingenden Leben. Springer.

Heller, J. (2019): Resilienz für die VUCA-Welt. Individuelle und organisationale Resilienz entwickeln. Wiesbaden. Springer.

Hüther, G. & Spannbauer, C. (2018): Connectedness. Warum wir ein neues Weltbild brauchen. Hogrefe, 2. Auflage.

Jähnke, L. (2013): Lehrbuch Kognitive Neurowissenschaften. Bern: Huber.

Kabat-Zinn, J. (2019): Im Alltag Ruhe finden. Knaur.

Lyobumirski, S. (2013): Glücklich sein. Warum Sie es in der Hand haben, zufrieden zu leben. Campus.

Maguire, E.A., Gadian, D.G., Johnsrude, I.S., Good, C.D., Ashburner, J., Frackowiak, R.S. & Frith, C.D. (2000): Navigation-related structural change in the hippocampi of taxi drivers. Proceedings of the National Academy of Sciences of the United States of America, 97 8, 4398-4403.

Mourlane, D. (2017): Resilienz – Die unentdeckte Fähigkeiten der wirklich Erfolgreichen. BusinessVillage.

Rosenberg, M. B. (2010): Gewaltfreie Kommunikation. Eine Sprache des Lebens. Junfermannsche Verlagsbuchhandlung.

Rossbach, G. (2019): Glücksorgan Gehirn. Selbstoptimierung beginnt im Kopf. Springer.

Schubert, C. (Hrsg.). (2015): Psychoneuroimmunologie und Psychotherapie. Schattauer Verlag.

Vester, F. (2014): Denken, Lernen, Vergessen. Was geht in unserem Kopf vor, wie lernt das Gehirn, und wann lässt es uns im Stich? dtv.